本书为南京农业大学中央高校基本科研业务费人文社科基金专著出版资助项目（编号：SKZZ2015008）

移动互联网用户阅读行为研究

茆意宏◎著

中国社会科学出版社

图书在版编目(CIP)数据

移动互联网用户阅读行为研究/茆意宏著.—北京：中国社会科学
出版社，2016.5

ISBN 978 - 7 - 5161 - 8007 - 5

Ⅰ.①移… Ⅱ.①茆… Ⅲ.①互联网络—影响—读书—活动—
行为分析—中国②互联网络—影响—读书活动—服务策略—
研究—中国 Ⅳ.①G252.17

中国版本图书馆 CIP 数据核字(2016)第 074771 号

出 版 人	赵剑英
责任编辑	李炳青
责任校对	季 静
责任印制	李寡寡

出 版	中国社会科学出版社
社 址	北京鼓楼西大街甲 158 号
邮 编	100720
网 址	http://www.csspw.cn
发 行 部	010 - 84083685
门 市 部	010 - 84029450
经 销	新华书店及其他书店

印 刷	北京明恒达印务有限公司
装 订	廊坊市广阳区广增装订厂
版 次	2016 年 5 月第 1 版
印 次	2016 年 5 月第 1 次印刷

开 本	710×1000 1/16
印 张	13.75
插 页	2
字 数	245 千字
定 价	52.00 元

前　言

　　经过多年的发展，互联网已经成为社会的主要潮流，一个属于互联网的时代正在来临。互联网重新定义了世界，正在全方位地影响人类的生产与生活，当然也重构了信息服务世界。进入 21 世纪，随着移动互联网的迅猛发展，越来越多的互联网服务正在向移动互联网迁移，基于移动互联网的新应用不断兴起，移动阅读是移动互联网最主要的应用之一。根据中国出版科学研究院近年发布的全国国民阅读调查报告，我国国民的手机阅读率已经从 12.7%（2008 年）迅速上升到 51.8%（2014年）。2015 年"第十二次全国国民阅读调查"数据显示，2014 年我国有 51.8% 的成年国民进行过手机阅读，5.3% 的成年国民在电子阅读器上阅读，9.9% 的成年国民使用 iPad（平板电脑）进行阅读。

　　世界在变，人们的认知与行为须因应变化！学术研究需要及时跟进，感知变化，洞察趋势，为改进服务出谋划策！移动互联网不是互联网的简单复制，有延伸，更有创新，带来了许多新的变化，其中既有技术的更新，更有用户行为特征等方面的变化。用户是信息服务的对象，是互联网新思维体系的重心，移动互联网用户的阅读行为是移动阅读服务的出发点和依据，它直接影响着移动互联网环境下的数字阅读服务的内容和策略。目前国内外学术界从用户角度研究移动互联网用户阅读行为的成果主要集中在用户对移动阅读设备的认知和体验、移动设备对用户阅读行为的影响、移动阅读的内涵与特征、移动阅读行为调查分析等方面。随着移动宽带网络、多元智能终端、云计算等新的移动互联网技术的发展和移动互联网用户规模的增长与结构的变化，移动互联网用户的阅读行为也会相应地发生变化。因此，有必要对移动互联网用户的阅读行为进行跟踪研究，进行比较系统的理论与实证分析。在这样的背景下，2012 年本人承担了国家社会科学基金一般项目"移动互联网用户阅读行为与服务策略研究"（编号：12BTQ022），本著作是该项目的研究成果。

本著作的主要内容包括：（1）在理论上对移动互联网用户阅读行为的内涵、模型等进行研究，初步形成移动互联网用户阅读行为理论框架。对移动阅读的兴起与发展背景、概念、组成要素、影响因素、特征、类型、意义等基础问题进行分析、阐述。以 Dervin 的意义建构理论、Wilson 的信息行为模型等信息行为理论为依据，结合阅读学理论，提出移动互联网用户阅读行为框架模型，包括移动阅读需求、移动阅读寻求、移动阅读利用与交流等。基于 Wilson 信息寻求行为模型（1981年）和知识非常态理论等，提出移动阅读需求模型；基于 ELIS 的信息寻求行为模型、Kuhlthau 信息查寻理论、网络信息查询相关理论等，提出移动阅读寻求行为模型；基于认知心理学理论和阅读理解理论，提出移动阅读利用行为模型；基于协作信息行为理论和阅读学理论等，提出移动阅读交流行为模型。（2）在理论研究的基础上，以移动互联网用户阅读行为模型为依据，通过问卷调查、访谈、观察等方法，在广东、江苏、浙江、北京、上海等移动互联网用户的主要分布区域对移动互联网用户阅读行为进行调查，统计、分析当前我国移动互联网用户阅读行为的基本特征及不同类型移动互联网用户的阅读行为偏好。具体包括：①移动互联网用户阅读需求调查分析。调查内容包括阅读行为的动机、对阅读内容的需求、对阅读服务的需求等。②移动互联网用户阅读寻求行为调查分析。调查内容包括移动读物的技术寻求和经济寻求。③移动互联网用户阅读利用行为调查分析。调查内容包括阅读内容、阅读方式、阅读时间（长）与地点、移动阅读服务机构产品的使用情况等。④移动互联网用户阅读交流行为调查分析。调查内容包括阅读交流平台、交流对象、交流内容、交流方式、交流后延伸行为等。⑤移动阅读行为中存在的沉迷现象研究。以大学生为例，对移动阅读行为中存在的沉迷现象进行调查，分析移动阅读沉迷现象的成因，提出移动阅读引导策略。（3）针对我国图书馆等信息机构开展移动阅读服务的现状和存在问题，基于本研究关于移动互联网用户阅读行为的理论和调查分析的成果，有针对性地提出改进移动阅读服务的策略。基于移动互联网用户的阅读需求与阅读寻求行为基本特征和各类用户的阅读寻求行为偏好，提出改进移动阅读服务技术平台与设计、服务推广等方面的策略；基于移动互联网用户的阅读需求、阅读利用与交流行为的基本特征和各类用户的阅读利用与交流行为偏好，提出改进服务内容、服务方式等方面的策略。在本著作的研究过程中，本人指导的张云、崔倩倩、刘江荣、侯雪、魏雅雯等学生参与了问卷调查、数据统计等工作。

当然，本著作只是我们对移动互联网用户阅读行为的粗浅探索，有待从更多维度和层面对移动阅读行为与移动阅读服务进行细化研究，研究内容与方法等也存在许多不足，敬请读者批评指正！

本著作的出版得到了"南京农业大学中央高校基本科研业务费人文社科基金专著出版资助项目"（编号：SKZZ2015008）的资助，特此致谢！

作者

2015 年 10 月

目　录

图表目录

第一章 引论

第一节 研究背景

移动互联网的急速发展正在重塑网络信息世界。腾讯 CEO 马化腾认为移动互联网已经不单单是一个手机或者 PC，智能手机有摄像头、麦克风、传感器、定位功能，已经成为人类器官的延伸，它的使用时长、流量会比 PC 有 10 倍以上的增长，移动互联网才是真正的互联网。[1] 根据中国互联网信息中心（CNNIC）2014 年 7 月发布的《中国互联网络发展状况统计报告》[2]，截至 2014 年 6 月，我国网民规模达 6.32 亿，互联网普及率为 46.9%；我国手机网民规模达 5.27 亿，手机上网的网民比例为 83.4%，首次超越传统 PC 整体使用率（80.9%），手机作为第一大上网终端设备的地位更加巩固。同时，网民在手机电子商务类、休闲娱乐类、信息获取类、交流沟通类等应用的使用率都在快速增长，移动互联网带动了互联网各类应用的整体发展。

移动互联网用户阅读行为（简称移动阅读）是移动互联网用户使用手机、平板电脑等移动终端通过无线（移动）通信网络访问、接受、下载所需信息，在移动终端上浏览、收看（听）并进行互动的阅读活动。移动阅读是移动互联网最主要的应用之一。根据中国出版科学研究院近年发布的全国国民阅读调查报告，我国国民的手机阅读率已经从 12.7%（2008 年）迅速上升到 41.9%（2013 年）。2014 年"第十一次

---

① 《马化腾万科布道：移动互联网才是真正的互联网》（http://www.xcf.cn/500frb/xwbd/201408/t20140807_621403.htm）。

② 《中国互联网络发展状况统计报告》（http://www.cnnic.cn/hlwfzyj/hlwxzbg/hlwtjbg/201407/P020140721507223212132.pdf）。

全国国民阅读调查"数据显示，2013 年我国有 41.9% 的国民进行过手机阅读，5.8% 的国民在电子阅读器上阅读，2.2% 的国民使用 PDA/MP4/MP5 等进行阅读。① 在 2014 中国数字出版年会上，中国新闻出版研究院发布了《2013—2014 中国数字出版产业年度报告》，② 报告显示，在 2013 年中国数字出版产业中，互联网广告、网络游戏、手机出版分别以 1100 亿元、718.4 亿元、579.6 亿元占据收入前三名，手机出版增长比较快，并且基数较大。可见，移动互联网为信息传播出版业带来了新的发展机遇。

第二节 相关研究综述

移动阅读的兴起与快速发展引起了学术界的关注。目前国内外关于移动阅读的研究主要包括基础理论研究和服务研究。

一 关于移动阅读行为的研究

国外对于移动阅读的理论研究主要集中在用户对移动阅读设备的认知和体验、移动设备对用户阅读行为的影响、移动阅读行为实证分析等方面。对于移动阅读设备体验的研究主要包括对其功能、性能的评估和对内容的偏好。D. T. Clark 等[③]研究了用户对 Kindle 的认知和使用情况，发现 Kindle 阅读器的分辨率和黑白颜色限制了学术文章中图表的阅读，自然科学类文章的读者尤其感到局限。大部分用户认为比起学术性文章，Kindle 阅读器更适合看小说。Woody 等[④]认为，人们在阅读时

---

① 《"第十一次全国国民阅读调查"成果发布》（http://www.chuban.cc/yw/201404/t20140423_155079.html）。

② 李明远：《〈2013—2014 中国数字出版产业年度报告发布〉数字出版年收入增长 31%》，《中国新闻出版报》2014 年 7 月 16 日第 3 版。

③ Clark D T, Goodwin S P, Samuelson T, et., "A qualitative assessment of the Kindle e - book reader: Results from initial focus groups", *Performance Measurement and Metrics*, Vol .9, No. 2, 2008.

④ Woody W D, Daniel D B, Baker C A., "E - books or textbooks: Students prefer text-books", *Computers and Education*, Vol. 55, No. 3, 2010.

对着屏幕比对着纸质载体更容易产生疲劳感。J. Demski[1] 回顾了普林斯顿大学、亚利桑那州立大学和西北密苏里大学三所大学提供电子阅读器进行学术性内容阅读的相关研究，希望电子阅读器提供文本突出显示、快速浏览、信息比较等功能。在移动设备对用户阅读行为的影响研究中，Liu Ziming[2] 发现用户在电子阅读设备上更习惯于浏览、关键定位、一次性阅读、非线性阅读和选择性阅读，更少地进行深入、集中精神和持续性的阅读。Vasileiou 等[3]指出手机、手持阅读器等移动阅读设备在浅阅读方面的大规模应用成为重要的研究领域。M. C. Pattuelli 等[4]调查了普拉特图书情报学院学生使用 Kindle 2 的情况，发现电子书阅读器的携带方便性和简单应用性增强了学生的阅读体验，用户更熟悉手机、iPad 等移动设备的交互与功能。Lai Jung – yu 等[5]研究发现电子阅读器的便捷性、兼容性和信息丰富度对学生的使用均有影响。G. Kathrin 等[6]通过对比实验研究发现，用户的个人偏好和阅读习惯决定了他们对阅读设备的选择和阅读速度，阅读内容对阅读的速度也有较大影响。Jung J[7] 研究发现电子阅读器的使用与年龄、教育、收入、对印刷文献的需求、电子设备的拥有情况、个人创造力和电子阅读器的特性相关。Rockinson – Szapkiw A J[8] 研究发现平板电脑、电脑与印刷文献在学

① Demski J., The device versus the book (http: //campustechnology. com/articles/2010/05/01/the – device – versus – the – book. aspx) .

② Liu Ziming, "Reading behavior in the digital environment: Changes in reading behavior over the past ten years", *Journal of Documentation*, Vol. 61, No. 6, 2005.

③ Vasileiou M, Hartley R, Rowley J, "An overview of the E – book Marketplace", *Online Information Review*, Vol. 33, No. 1, 2009.

④ Pattuelli M C, Rabina D., "Forms, Effects, Function: LIS Students' Attitudes towards Portable E – book Readers", *New Information Perspectives*, Vol. 62, No. 3, 2010.

⑤ Lai Jung – yu, Chang Chich – yen, "User Attitudes toward Dedicated E – book Readers for Reading: The Effects of Convenience, Compatibility and Media Richness", *Online Information Review*, Vol. 35, No. 4, 2011.

⑥ Kathrin G, Yevgeniya K, Diana M, et, "Reading in 2110 – reading behavior and reading devices: A case study", *Electronic Library*, 2011.

⑦ Jung J, Chan – Olmsted S, Park B, et., "Factors Affecting E – book Reader Awareness, Interest, and Intention to Use", *New Media & Society*, Vol. 14, No. 2, 2012.

⑧ Rockinson – Szapkiw A J, Courduff J, Carter K, et, "Electronic Versus Traditional Print Textbooks: A Comparison Study on the Influence of University Students' Learning", *Computers & Education*, Vol. 63, No. 11, 2012.

生阅读上的效果相当，而平板电脑所具有的便携性、注释等功能使其克服了电脑在电子文献阅读方面的不足。Sung E[①] 发现美国学生认为台式机更快速、准确、逼真，而韩国学生认为移动设备更开放，更有吸引力，更令人兴奋，更刺激阅读。一些学者研究了影响移动阅读行为的其他因素，Darroch 等[②]认为，文本的可读性和易读性是影响用户的阅读绩效及其对移动媒体的满意度的两大主要指标。Björn Hedin 和 Erik Lindgren[③] 通过实验比较了传统滚动方式与快速序列视觉呈现对手机阅读的影响。Zhang Li Yi[④] 研究了用户的学历与移动阅读行为之间的关系。还有一些学者对移动阅读行为进行了调查分析，Dennis T. Clark[⑤] 研究发现 Kindle 电子书阅读器极受欢迎，阅读内容大多为一般性内容，学术性内容较少。美国杂志出版商协会（The Association of Magazine Media，MPA）公布了一项移动电子杂志读者的在线调查报告，调查了一部分使用平板电脑和电子阅读器的 18 岁以上的读者利用移动电子杂志的态度与行为，发现采用移动电子终端阅读杂志的读者呈现低龄化特征，读者阅读移动电子杂志的时间不长，在读过移动电子杂志之后的延伸阅读行为不明显，其集合和导航功能受欢迎，读者对于移动电子杂志的多媒体特征并不全盘接受。[⑥]

近年来，国内学术界关注移动互联网用户阅读行为的研究内容主要包括基础理论问题和调查分析。在理论研究方面，张晓红、李卓[⑦]探讨了移动阅读产生的背景和发展障碍；白兴勇[⑧]认为手机阅读包括主体、

① Sung E, Mayer R E., "Students' Beliefs about Mobile Devices Versus Personal Computers in South Korea and the United States", *Computers & Education*, Vol. 59, No. 4, 2012.

② Darroch I, Goodman J, Brewster S., "The Effect of Age and Font Size on Reading Text on Handheld Computers", *Lecture Notes in Computer Science*, 2005.

③ Björn H, Erik L., "A Comparison of Presentation Methods for Reading on Mobile Phones", *IEEE Distributed Systems Online*, Vol. 8, No. 6, 2007.

④ Zhang Li Yi. etc., "Correlation Analysis between Users Educational Level and Mobile Reading Behavior", *Library Hi Tech*, Vol. 29, No. 3, 2011.

⑤ Dennis T Clark, "Lending Kindle E-book Readers: First Results from the Texas A&M University Project", *Collection Building Volume*, Vol. 28, No. 4, 2009.

⑥ 谢征：《美国移动电子杂志读者的阅读行为分析》，《科技与出版》2012 年第 9 期。

⑦ 张晓红、李卓：《走出书斋——浅论移动阅读》，《现代情报》2007 年第 2 期。

⑧ 白兴勇：《手机阅读初探》，《山东图书馆学刊》2009 年第 2 期。

客体和载体三个基本要素，茆意宏①提出移动阅读包括读者、阅读行为和读物三个组成部分，移动阅读过程包括阅读需求、读物寻求和阅读利用三个阶段。卞庆祥等②分析了移动阅读的特点。国内关于移动阅读行为的调查分析成果较多，且以高校大学生为主要研究对象。何明星③研究了移动阅读的内容需求趋势，叶甜④运用扎根理论对高校学生使用移动阅读的动机进行了研究。罗昕、丛挺⑤以武汉大学的在校大学生为研究对象研究大学生手机阅读的动机与满足情况。茆意宏⑥从移动阅读需求、读物寻求和阅读利用三个方面对南京地区大学生移动阅读行为进行调查与分析，韩晗⑦调查分析了手机阅读用户的阅读内容偏好，黄蓓蓓⑧从年龄、性别、收入、受教育程度、是否全职工作五个变量考察手机阅读者的分布，李武等⑨对上海地区大学生手机阅读使用行为、满足情况进行调查分析。肖韵等⑩对用户学历与利用移动阅读服务（移动阅读内容及付费意愿）的关联进行了分析；袁曦临等⑪通过基于PAD的移动阅读过程实验研究了解读者的阅读行为及其阅读体验；李刚⑫通过问卷调研人们对移动阅读时尚、个性、分享三个概念的认知水平，许广

① 茆意宏：《论手机移动阅读》，《大学图书馆学报》2010年第6期。
② 卞庆祥：《基于3G技术的图书馆移动阅读服务》，《新世纪图书馆》2009年第5期。
③ 何明星：《移动阅读的内容需求趋势》，《出版参考》2009年第24期。
④ 叶甜：《基于扎根理论的高校学生移动阅读使用偏好分析》，《图书馆学研究》2011年第7期。
⑤ 罗昕、丛挺：《大学生手机阅读动机实证研究》，《出版广角》2013年第14期。
⑥ 茆意宏：《论手机移动阅读》，《大学图书馆学报》2010年第6期。
⑦ 韩晗：《论移动通讯语境下的文本生产及其接受困境》，《出版广角》2011年第3期。
⑧ 黄蓓蓓：《移动"阅览室"的崛起：3G时代的手机阅读用户研究》，《广告大观：理论版》2011年第1期。
⑨ 李武、谢蓉、金武刚：《上海地区在校大学生手机阅读使用行为分析》，《图书情报工作》2011年第14期。
⑩ 肖韵、韩莹：《用户学历与利用移动阅读服务关联分析——以中国大学生为例》，《科技情报开发与经济》2011年第5期。
⑪ 袁曦临、王骏、陈霞：《移动阅读与纸质阅读对照实验研究》，《图书馆建设》2012年第3期。
⑫ 李刚、宋凯、余益飞：《个性与分享——移动阅读时尚的调查与思考》，《图书馆杂志》2012年第9期。

奎、周春萍①对胶东地区的部分高校大学生的移动阅读行为进行调查分析；冯英华②对常州市移动阅读的公众使用行为进行了问卷调查；刘亚③调查分析大学生手机阅读信息行为的发生、发展及变化规律；张艳丰等④对湖南三所高校大学生移动阅读行为的调查发现，大学生移动阅读诉求的内容可分为个性、悦读、分享三重维度，章惠、程杰铭⑤调查了上海市社会人员和高校学生的阅读习惯、对于移动阅读的看法、付费意愿和期望；高春玲等⑥对移动环境下大学生的阅读需求以及阅读行为进行个体特征的差异分析；李武等⑦比较中、日、韩三国大学生在移动阅读行为方面存在的差异。也有学者构建了移动数字阅读服务用户采纳行为及采纳后持续使用行为的理论模型并进行了实证研究⑧⑨。

二 关于移动阅读服务的研究

随着移动互联网的崛起，移动数字图书馆服务受到了国外学术界的关注。*Computer in Library*、*Reference Service Review* 2009 年和 2010 年为此分别出版了专刊。美国图书馆学会的 *Library Technology Reports* 于 2008 年 5 月和 2011 年 3 月先后出版的两个移动图书馆研究专题，系统地总结了相关建设的现状。2007 年起国际上一系列"国际移动图书馆

① 许广奎、周春萍：《高校大学生手机阅读行为调查分析》，《图书情报工作》2012 年第 14 期。

② 冯英华：《手机移动阅读的公众使用行为结构研究——以常州市武进区、昆山市和江阴市为例》，《图书馆论坛》2013 年第 2 期。

③ 刘亚、塞瑞卿：《大学生手机阅读行为的调查分析》，《图书馆论坛》2013 年第 3 期。

④ 张艳丰、刘昆雄、毛爽：《大学生移动阅读诉求三维度实证分析》，《图书馆论坛》2013 年第 5 期。

⑤ 章惠、程杰铭：《基于用户需求视角的我国移动阅读产业发展策略研究——上海市移动阅读问卷调查》，《出版发行研究》2013 年第 4 期。

⑥ 高春玲、卢小君、郑永宝：《基于个体特征的用户移动阅读行为的差异分析》，《图书情报工作》2013 年第 9 期。

⑦ 李武、刘宇、于文：《中日韩三国大学生移动阅读行为的跨国比较研究》，《出版广角》2013 年第 18 期。

⑧ 刘鲁川、孙凯：《移动数字阅读服务用户采纳后持续使用的理论模型及实证研究》，《图书情报工作》2011 年第 10 期。

⑨ 韩超群、杨水清、曹玉枝：《移动服务用户采纳行为的整合模型》，《软科学》2012 年第 3 期。

会议"和"移动图书馆员联机会议"促进了世界范围内的学者关于移动图书馆服务的研究与交流，交流主题涉及移动图书馆技术与服务、移动学习、移动社会等。Joan K. Lippincott 和 Ellyssa Kroski 是其中代表性的研究者。Joan K. Lippincott 是两届国际移动数字图书馆会议的主旨发言人，他对移动数字图书馆的服务创新做了深入的研究；Ellyssa Kroski 介绍了移动图书馆服务在美国及其他国家的发展状况。[①]

国内关于移动阅读服务的研究始于 2004 年，吴志攀先生[②]在《移动阅读与图书馆的未来——"移动读者的图书馆"》一文中预测移动阅读服务将是图书馆的未来发展方向。2007 年陈素梅[③]指出，在手机图书馆的各项业务中，手机阅读初露端倪，列举了移动阅读在图书馆实际应用中的多种实现途径。2008 年茆意宏[④]提出图书馆应按需提供手机阅读服务，高校图书馆可以根据大学生的需求与行为开展手机阅读服务。曾妍[⑤]分析了移动阅读在图书馆实施的可行性和图书馆开展移动阅读服务可能面临的问题。任敏[⑥]分析了手机阅读对传统阅读习惯以及信息传播的影响，提出利用手机对传统图书馆转型的途径以及对传统图书馆的服务内容进行拓展，更好地满足读者个性化、多样化的需求。卞庆祥[⑦]论述了图书馆手机阅读服务的可行性，构建了图书馆移动阅读的 WAP 浏览模式、原文传递的移动 EMAIL 模式、推荐阅读的多媒体信息模式。楼向英、高春玲[⑧]提出图书馆至少需要从用户需求、信息服务、信息资源的采集等角度关注手机阅读。高春玲从移动阅读产业链的视角探讨了

---

① Kroski E., "On the Move with the Mobile Web: Libraries and Mobile Technologies", *Library Technology Reports*, Vol. 44, No. 5, 2008.

② 吴志攀：《移动阅读与图书馆的未来——"移动用户的图书馆"》，《大学图书馆学报》2004 年第 1 期。

③ 陈素梅：《手机图书馆开辟移动阅读的新时代》，《图书馆建设》2007 年第 5 期。

④ 茆意宏：《论高校图书馆手机阅读服务》，《情报科学》2008 年第 12 期。

⑤ 曾妍：《移动阅读在图书馆实行的可能性分析》，《图书馆建设》2009 年第 2 期。

⑥ 任敏：《手机阅读及其对图书馆服务的影响与拓展》，《湛江师范学院学报》2009 年第 4 期。

⑦ 卞庆祥：《基于 3G 技术的图书馆移动阅读服务》，《新世纪图书馆》2009 年第 5 期。

⑧ 楼向英、高春玲：《Mobile 2.0 背景下的手机阅读》，《图书馆杂志》2009 年第 10 期。

图书馆的角色、服务功能、应对措施①。付玲玲、文金书②认为图书馆可从加强与手机阅读产业链各方的联系入手来实现和完善手机阅读服务。梁爱东等③探讨了图书馆在发展手机阅读疗法时应注意的问题。谢蓉、金武刚④在战略、内容、技术与服务方面提出高校图书馆推广手机阅读的建议。赵明霞研究了手机媒体阅读的发展现状，并就与手机媒体阅读相关的知识产权保护问题提出了相应的策略⑤。孙金娟、江南⑥指出高校图书馆应采取的服务策略包括建设移动阅读体验阅览室、营造移动阅读服务环境、密切关注逐步开展移动阅读服务。谭纯⑦对 12 个国内有代表性的手机阅读平台的用户体验、收费模式、内容资源、行业标准及版权机制等现状进行了调查分析。陈亮、刘树民⑧分析了新媒体环境下的经典阅读状况及利用新媒体促进经典阅读的对策。李鹏⑨发现数字期刊的移动阅读呈现数字平台移动阅读开发力度加大、读图成为杂志重要卖点、手机阅读凸显情感与故事、富媒体电子杂志成为未来重点等发展趋势。谢蓉⑩总结出数字时代三种比较普遍且有代表性的图书馆阅读推广模式，即社会化媒体推广模式、电子阅读器借阅模式和移动图书馆推广模式。傅俏等⑪以方正阿帕比移动阅读解决方案为例提出高校图

---

① 高春玲：《移动阅读市场驱动下的图书馆：角色与对策》，《数字图书馆论坛》2010 年第 11 期。

② 付玲玲、文金书：《基于产业链的图书馆手机阅读服务探讨》，《图书馆学研究》2010 年第 11 期。

③ 梁爱东、薛海波、赵丽华：《手机阅读疗法探析》，《图书馆学刊》2010 年第 10 期。

④ 谢蓉、金武刚：《高校图书馆如何推广手机阅读》，《图书情报工作》2011 年第 14 期。

⑤ 赵明霞：《手机媒体阅读与知识产权保护研究》，《图书馆学研究》2010 年第 23 期。

⑥ 孙金娟、江南：《基于读者调研的高校图书馆移动阅读服务策略研究》，《图书馆学研究》2011 年第 8 期。

⑦ 谭纯：《我国手机阅读平台内容调查分析与对策研究》，《出版发行研究》2011 年第 11 期。

⑧ 陈亮、刘树民：《网络与手机等新媒体环境下的经典阅读》，《图书馆杂志》2011 年第 11 期。

⑨ 李鹏：《数字期刊的移动阅读发展趋势研究》，《图书与情报》2012 年第 2 期。

⑩ 谢蓉：《数字时代图书馆阅读推广模式研究》，《图书馆论坛》2012 年第 3 期。

⑪ 傅俏等：《高校图书馆开展移动阅读服务的探索与实践》，《大学图书馆学报》2012 年第 6 期。

书馆开展移动阅读服务的模式。付跃安、黄晓斌[①]提出做好规划、搭建移动业务平台、建设移动阅读资源、加强社会合作、发挥联盟优势等图书馆移动阅读服务对策。谷俊娟[②]分析了美国威斯康辛州公共图书馆联盟电子书借阅服务模式的启示。马骏涛等[③]指出目前图书馆开展移动阅读服务存在的问题，从转变观念、统一标准、降低成本、统一格式、加强协作五个方面提出对策。毕秋敏等[④]分析了社会化阅读产生的背景、社会化阅读应用的内容聚合模式、使用的技术、带来的问题，最后指出社会化阅读未来发展的方向。高春玲[⑤]运用 SWOT 分析法分析图书馆发展移动阅读服务的优点、缺点、机遇与威胁以及图书馆开展移动阅读服务的策略。

在移动阅读技术与系统开发方面，近年来一些学者对移动阅读终端、系统进行了探索。2005 年孟小华[⑥]介绍了一个基于 J2ME 平台的移动无线阅读系统的实现技术。董瑞志等[⑦]提出了基于 J2EE 和 J2ME 的手机移动阅读系统解决方案。落红卫[⑧]介绍了各种移动阅读终端及其测试方法。黄晓斌、付跃安[⑨]建立了包括硬件性能、技术、内容、阅读功能与综合评价五个方面的移动阅读终端可用性评价指标体系，岳蓓等[⑩]对几种主要移动阅读终端（手机、电子书阅读器、平板电脑、PSP、MP3/

---

① 付跃安、黄晓斌：《试论我国图书馆移动阅读服务发展对策》，《图书馆工作与研究》2012 年第 3 期。

② 谷俊娟：《美国公共图书馆电子书借阅服务模式的启示与思考》，《图书馆工作与研究》2012 年第 10 期。

③ 马骏涛等：《图书馆开展移动阅读服务的问题与对策》，《图书馆论坛》2013 年第 1 期。

④ 毕秋敏、曾志勇、李明：《移动阅读新模式：基于兴趣与社交的社会化阅读》，《出版发行研究》2013 年第 4 期。

⑤ 高春玲：《基于 SWOT 的图书馆移动阅读服务分析》，《图书馆学刊》2013 年第 9 期。

⑥ 孟小华：《基于 J2ME 的移动无线阅读系统的设计与实现》，《计算机工程》2005 年第 5 期。

⑦ 董瑞志等：《手机移动阅读系统的研究》，《常熟理工学院学报：自然科学》2008 年第 10 期。

⑧ 落红卫：《移动阅读终端介绍及测试方法研究》，《电信网技术》2010 年第 7 期。

⑨ 黄晓斌、付跃安：《基于用户体验的移动阅读终端可用性评价》，《图书馆论坛》2011 年第 4 期。

⑩ 岳蓓、刘宇、邹玥：《3G 时代移动阅读终端探析》，《科技情报开发与经济》2012 年第 5 期。

MP4）进行了总结和比较，提出 3G 时代新型移动阅读终端的设想。一些学者研究了手机图书馆系统的设计与实现。方杰、傅晓艳[1]探讨了基于手机阅读的高校无线移动电子图书馆建设方案；方玮等[2]介绍了基于资源整合的手机图书馆 WAP 服务系统的设计与实现；刘松柏等以书生移动图书馆解决方案为例提出了移动图书馆的建设思路；[3] 贺利娜等人[4]提出并构建了一种基于 TD - SCDMA 和 CDMA2000 的手机图书馆设计方案；朱雯晶等[5]以上海图书馆推出的智能手机客户端程序为例，总结了手机客户端研发的实践和经验；丁夷与金永贤[6]提出了一种与系统无关、平台无关、终端无关的通用手机图书馆服务系统的设计思想，并利用 Struts、Spring 和 Hiber - nate 等三种开源框架构建了手机图书馆服务系统；付跃安、黄晓斌[7]对 OverDrive 移动阅读解决方案及其特点进行了分析；张金星、和金涛[8]探讨了移动阅读所涉及的数字文档格式；谢强等[9]从基础支撑层、内容层、技术实现层和用户层四个方面探索了移动数字图书馆体系的建设。

三 简评

综上所述，国内外关于移动阅读的研究主要包括基础理论研究和服

---

① 方杰、傅晓艳：《基于手机阅读的高校无线移动电子图书馆建设方案初探》，《科技情报开发与经济》2008 年第 28 期。

② 方玮、张成昱、窦天芳：《基于资源整合的手机图书馆系统的设计和实现》，《现代图书情报技术》2009 年第 6 期。

③ 刘松柏、姜海峰、李书宁：《移动图书馆建设的难点与趋势》，《图书情报工作》2013 年第 4 期。

④ 贺利娜、李源、田增山：《基于 TD - SCDMA 的手机图书馆系统设计》，《电视技术》2011 年第 19 期。

⑤ 朱雯晶等：《图书馆手机客户端的探索实践》，《现代图书情报技术》2011 年第 5 期。

⑥ 丁夷、金永贤：《基于 Struts + Spring + Hibernate 框架的手机图书馆服务系统》，《大学图书馆学报》2011 年第 1 期。

⑦ 付跃安、黄晓斌：《OverDrive 图书馆移动阅读解决方案及其特点》，《图书馆杂志》2012 年第 2 期。

⑧ 张金星、和金涛：《试论由图书馆主导制定移动阅读数字文档格式的准入标准》，《情报资料工作》2012 年第 2 期。

⑨ 谢强、牛现云、赵娜：《移动数字图书馆服务体系研究》，《图书情报工作》2013 年第 4 期。

务研究。移动阅读的理论研究主要集中在用户对移动阅读设备的认知和体验，移动设备对用户阅读行为的影响，移动阅读产生的背景、组成要素、行为过程、特征，移动阅读行为调查分析等方面。移动阅读服务研究主要集中在移动阅读技术与系统、服务策略与现状等方面。

移动互联网用户的阅读行为是移动阅读服务的出发点和依据，它直接影响着移动阅读服务的内容和策略。因此，国内外学术界都不约而同地对用户移动阅读行为进行跟踪调查分析。总的看来，目前国内外学术界已有的调查分析成果主要局限于阅读利用行为调查，缺乏对移动阅读需求、移动阅读寻求、移动阅读交流等行为的调查；在阅读利用行为方面，国内外学者的研究成果多以用户对移动阅读的认知、用户的移动阅读内容与方法偏好、用户满意度、用户个体特征对阅读行为的影响等为主，相应的理论分析不足。调查对象局限于某些地区与部分人群，以大学生为主，缺乏对各种类型移动互联网用户的阅读行为进行调查研究。而且，随着移动宽带网络、智能手机、平板电脑、云计算等新的移动互联网技术的发展和移动互联网用户规模的增长与结构的变化，移动互联网用户的阅读行为也会相应地发生变化。因此，有必要对移动互联网用户的阅读行为进行跟踪研究，进行比较系统的理论与实证分析。

第三节　研究目的与意义

移动互联网用户的阅读行为是移动阅读服务的出发点和依据，它直接影响着移动阅读服务的内容和策略。对移动阅读行为进行理论与实证分析，既可以为各类移动阅读服务机构的实践提供理论指导，也可以为拓展、优化移动阅读服务出谋划策。本研究将系统地探索移动互联网用户阅读行为的基本理论，为移动阅读服务提供理论指导，同时也丰富关于阅读的理论研究。移动阅读服务的崛起，促进相关产业的发展，本研究的成果将有助于图书馆等移动阅读服务机构基于移动互联网用户的阅读行为特征改进服务，促进我国移动阅读服务事业的发展，为推动我国文化大发展、大繁荣做出贡献。

第四节 主要研究内容

本研究的主要内容包括以下几方面。

（一）移动互联网用户阅读行为的理论研究

以信息行为理论与阅读理论为基础，从理论上对移动互联网用户阅读行为的内涵、模型等进行研究，初步形成移动互联网用户阅读行为理论框架。具体研究内容包括：

1. 移动互联网用户阅读行为的基础理论问题。对移动阅读的兴起与发展背景、概念、组成要素、影响因素、特征、类型、意义等基础问题进行分析、阐述。

2. 移动互联网用户阅读行为模型。以 Dervin 的意义建构理论、Wilson 的信息行为模型等信息行为理论为依据，结合阅读理论，提出移动互联网用户阅读行为框架模型，包括移动阅读需求、移动阅读寻求、移动阅读利用与交流等。基于 Wilson 信息寻求行为模型（1981 年）和知识非常态理论等，提出移动阅读需求模型；基于 ELIS 的信息寻求行为模型、Kuhlthau 信息查寻理论、网络信息查询相关理论等，提出移动阅读寻求行为模型；基于认知心理学理论和阅读理解理论，提出移动阅读利用行为模型；基于协作信息行为理论和阅读学理论等，提出移动阅读交流行为模型。

（二）移动互联网用户阅读行为的调查分析

在移动互联网用户阅读行为理论研究的基础上，以移动互联网用户阅读行为模型为依据，通过问卷调查、访谈、观察等方法，在广东、江苏、浙江、北京、上海等移动互联网用户的主要分布区域对移动互联网用户阅读行为进行调查分析，包括：

1. 移动互联网用户阅读需求调查分析。以江苏省农民和南京地区的大学生为例，调查其移动阅读需求。调查内容包括阅读行为的动机、对阅读内容（即时性内容、与地理位置相关的内容、个性化内容等）的需求、对阅读服务（支持技术、服务方式等）的需求等。

2. 移动互联网用户阅读寻求行为调查分析。调查内容包括移动读物的技术寻求（获取途径、检索、浏览、选择、获取等行为）和经济寻求（付费与付费方式等）。

3. 移动互联网用户阅读利用行为调查分析。调查内容包括阅读内容（专业属性、媒体形式、文体、长短、排版设计）、阅读方式、阅读时间（长）与地点、移动阅读服务机构产品的使用情况等。

4. 移动互联网用户阅读交流行为调查分析。调查内容包括阅读交流平台、交流对象、交流内容、交流方式、交流后延伸行为等。

5. 移动阅读行为中存在的沉迷现象研究。以大学生为例，对移动阅读行为中存在的沉迷现象进行调查，分析移动阅读沉迷现象的成因，提出移动阅读引导策略。

根据上述调查数据，一方面，统计、分析我国现有移动互联网用户阅读行为的基本特征，另一方面，根据调查对象的年龄、性别、学历、职业、收入、所持移动终端等细分特征进行交叉分析，挖掘不同类型移动互联网用户的阅读行为偏好。

（三）基于移动互联网用户阅读行为特征的移动阅读服务策略研究

针对我国图书馆等信息机构开展移动阅读服务的现状和存在问题，基于本研究关于移动互联网用户阅读行为的理论和调查分析的成果，有针对性地提出改进移动阅读服务的策略。

1. 基于移动互联网用户的阅读需求与阅读寻求行为基本特征和各类用户的阅读寻求行为偏好，提出改进移动阅读服务技术平台与设计、服务推广等方面的策略。

2. 基于移动互联网用户的阅读需求、阅读利用与交流行为的基本特征和各类用户的阅读利用与交流行为偏好，提出改进服务内容、服务方式等方面的策略。

第五节　研究方法

本研究采用了文献分析法、比较分析法、调查分析法和统计分析法等方法。文献分析法主要用于对国内外的相关研究成果进行调查整理，为本研究提供理论基础；比较分析法主要运用于对移动阅读与传统纸本阅读、一般网络阅读进行比较性分析，揭示移动阅读的内涵及特征等；调查分析法，包括在线调查、现场问卷调查、访谈、观察等调查方法，主要用于对移动互联网用户阅读需求、寻求、利用和交流等行为的调查与分析；统计分析法是运用 Excel、SPSS 等统计工具对移动互联网用户阅读行为的调查数据进行统计，通过描述统计、方差分析等统计学方法进行数据处理与分析。

第六节　创新之处

本研究拟在移动阅读行为理论、移动阅读行为调查分析等方面做进一步的探索，在信息行为理论与阅读学理论的基础上提出移动阅读行为的理论框架，并进行细化，设计调查问卷，在我国移动互联网用户分布的主要地区对各类型用户进行抽样调查分析，总结其移动阅读行为特征，提出相应的服务对策。

本研究的创新之处主要表现在：

1. 理论拓展。针对现有理论研究的不足，对移动互联网用户阅读行为基础理论问题、移动阅读行为模型等加以研究，初步形成移动互联网用户阅读行为理论框架。

2. 调查分析拓展。针对现有调查分析的不足，较全面地对我国各类移动互联网用户的移动阅读需求、移动阅读寻求、移动阅读利用与交流等行为进行调查分析。

3. 针对我国移动阅读服务的发展现状及存在问题，基于本研究理论和调查分析的成果提出基于移动互联网用户阅读行为特征的移动阅读服务策略。

第二章　移动阅读的兴起与发展

本章主要阐述移动阅读的兴起及背景、国内外移动阅读的发展现状、我国移动阅读服务的发展现状及存在问题。

第一节　阅读的演变与移动阅读的出现

人类阅读模式是与同时代的出版模式相呼应的。现代信息技术的出现，从根本上改变了传统信息生产、负载和传播的方式，也改变了人们阅读、利用信息的方式。

从 20 世纪 50 年代开始，计算机技术渗透进入出版领域，传统纸质出版的垄断格局被打破，出现了新型的出版模式——电子出版。比如，1959 年美国匹兹堡大学卫生法律中心建立了全文法律信息检索系统，1961 年美国化学文摘社编制了《化学题录》等。电子出版的载体有磁带、磁盘和光盘等，人们要利用计算机或具有类似功能的设备才能读取和利用电子出版物中的内容。

到了 20 世纪 90 年代，随着互联网的普及，网络出版应运而生。互联网信息服务提供者将自己或他人创作的作品登载在互联网上或者通过互联网发送到用户端，供读者浏览、阅读、使用。经过多年的发展，网络出版逐渐超越纸质出版。据统计，2009 年我国数字出版业的整体收入为 795.6 亿元，首度超过传统出版业产值[1]。随着网络出版的不断普及，人们的阅读习惯也在不断发生变化。在线阅读方式正被越来越多的

---

[1] 《2009 年数字出版业的整体收入超过 750 亿元》（http://politics.people.com.cn/GB/1026/11792505.html）。

人所接受。2008 年中国出版科学研究所公布的第五次全国国民阅读情况的调查报告①就指出，互联网阅读率为 36.5%，仅次于报纸（74.5%）和杂志（50%）排第三位，图书阅读率为 34.7%，网络阅读首次超过纸质图书阅读。

进入 21 世纪，在互联网突飞猛进的同时，移动通信技术也得到了前所未有的发展，并逐渐和互联网相结合，形成新的移动互联网。于是，手机成为多功能的信息终端，成为综合信息服务的新平台，网络出版也随之延伸到手机上，手机出版出现了。手机出版是内容提供者利用无线/移动通信和网络平台向手机用户发布数字作品的出版形式。用户可以以手机为终端，通过移动或无线通信网络访问、接受、下载信息，并在手机上浏览、收看（听），这就是手机阅读。与此同时，在手机阅读之外，还出现了许多其他移动阅读，比如通过电子阅读器、MP4、PDA、PSP 等终端的移动阅读，这些移动阅读与手机阅读共同构成现代移动阅读。

第二节　移动阅读兴起的背景

移动阅读兴起于 21 世纪初，整个世界的科学技术和社会经济正处于急速的发展变化之中，人类的阅读文化也正处于历史性的转型时期。

一　技术背景

从 20 世纪 50 年代至今，经过半个多世纪的发展，人类的出版与阅读模式已经发生了巨大的变化，从纸质出版，到电子出版，再到网络出版、移动出版，出版与阅读呈现数字化和多元化的发展趋势。正如新闻出版总署前署长柳斌杰所说："数字化和网络化是当前中国出版业的发展方向，中国出版业正经历着由传统出版向数字出版的战略转型。"②与出版转型同步，人们的阅读也正在发生历史性的变化，数字化阅读逐

---

① 《〈第五次全国国民阅读调查报告〉发布》（http：//www. chuban. cc/yw/200807/t20080723_ 37918. html）。

② 柳斌杰：《数字出版总值料首次超过纸质出版产值》（http：//www. bianews. com/viewnews - 101853. html）。

渐普及。据中国出版科学研究院近年公布的全国国民阅读调查数据（表2-1），我国18—70周岁国民的数字化阅读接触率逐年攀升，到2013年年底，我国国民数字化阅读方式的接触率已达到50.1%，其中，有44.4%的成年国民进行过网络在线阅读，41.9%的国民进行过手机阅读，5.8%的国民在电子阅读器上阅读，0.9%的国民用光盘阅读，有2.2%的国民使用PDA/MP4/MP5等进行数字化阅读。[①]

表2-1　　　　　　　近年来我国国民数字阅读率一览

年度	数字阅读接触率	网络在线阅读率	手机阅读率
2008	24.5%	15.7%	12.7%
2009	24.6%	16.7%	14.9%
2010	32.8%	18.1%	23.0%
2011	38.6%	29.9%	27.6%
2012	40.3%	32.6%	31.2%
2013	50.1%	44.4%	41.9%

注：数据来源于中国新闻出版研究院历年全国国民阅读调查报告。

现代信息技术带来了新的信息媒介与传播方式，改变了人的信息行为，形成了新的信息习惯。人们的阅读也因之呈现很多新的形态：

1. 由于数字技术带来了立体传播方式，出版从以文字为主到以图文为主，再到现在的集文字、图像、声音为一体，人们的阅读从"读书"发展到"读媒体"。传统的图书、报纸、期刊等纸媒体阅读一统天下的局面，正逐渐地被图画书阅读、动漫阅读、电视阅读、网络阅读、手机阅读等现代纸媒体和电子媒体阅读所瓜分和取代。阅读不再仅仅局限于文本，其内涵已经扩展到对多媒体信息的综合利用，是一个有别于传统纸媒体阅读的多媒体或全媒体阅读。

2. 数字技术带来了互动性特点，读者从被动的接受者成为主动的

---

① 《2013年我国成年国民的网络在线阅读、手机阅读和电子阅读器阅读持上升态势》（http://www.chuban.cc/ztjj/yddc/2014yd/201404/t20140422_155056.html）。

参与者。"互联网在改变人们阅读方式的同时，由于其独特的交互性，还改变了人们阅读的被动状态，使得'人人都是作者'成为可能，像WIKI百科、社区论坛等都是阅读与创作浑然一体，这也标志着阅读已经从1.0进入了2.0，从单纯的'阅读'变成双向的'阅作'。"[①]

3. 移动通信技术的发展及其与互联网技术的结合，催生了移动阅读。移动阅读除具备网络阅读的传播与更新速度快、信息量大、内容丰富、检索便捷、多媒体、可参与互动等特征外，还有许多独特的地方，如便携性、片段性、主动性与个性化等，人们可以利用零碎的时间，随时随地进行阅读。

因此，移动阅读的出现不是偶然的，它是现代信息科学技术发展的产物。

二 社会经济背景

20世纪是人类社会有史以来经济发展最为迅速的一个世纪，科学技术的进步推动了社会生产力的发展，人们的生产和生活方式也随之发生了巨大的变化。进入21世纪，世界经济呈现全球化和信息化的特征，发展速度越来越快。一方面，随着社会经济的快速发展，人们的生活方式也在转变，工作与生活节奏变得更快，竞争压力不断加剧。在越来越忙碌的社会里，人们能静下心来阅读的时间越来越少，越来越碎片化。另一方面，社会信息化带来了信息爆炸，各种资讯泛滥，让人应接不暇，传统的阅读方式难以持续。面对急剧膨胀的信息和越来越紧张的时间，人们过去利用信息的行为与习惯正悄然地发生变化，新的阅读行为与习惯正在形成中。

在形式上，碎片化阅读和微型阅读成为常态。根据中国出版科学研究院近年的调查，我国国民传统阅读率正在逐步下降，"没时间读书"成为阅读率下降的主要原因。但随着网络、移动设备的普及化，数字化图书的阅读率却在逐年上升。现代生活的快节奏，迫使都市人采取碎片化的阅读方式，通过使用移动设备在上下班途中、等人的空闲时间段进行见缝插针似的阅读。可见，传统的出版方式与当前快节奏的都市生活

---

① 徐龙：《简论数字化时代的阅读》，《光明日报》2009年10月16日第3版。

发生了冲突。在这样的形势下，人们阅读形式的改变就成为必然。大段的读书时间越来越少，读书时间越来越碎片化。移动阅读由于不受时间、空间以及阅读介质的限制，而受到了广大读者尤其是年轻读者的喜爱，并带来阅读习惯的改变。与碎片化阅读流行的同时，微阅读也正在盛行。口袋书、手机报都代表微阅读。

在内容上，人们的阅读正呈现浅阅读、实用化和个性化等新的特点。在快节奏的社会经济环境中，现代人追求轻松简洁的快餐式生活文化。因此，在阅读选择时，人们也常常追求快速、实用、娱乐，其内容大多简单、轻松，不需要多加思考，阅读方式也多表现为快速浏览，选择性地阅读所需的部分。

尽管从现象上看，现代人读书越来越少，但人们的阅读量却没有减少，反而越来越大。这表明现在的人们正在寻找、选择适合自己当前工作和生活状态的阅读方式，人们的阅读正在向新的阅读模式变化、转型。移动阅读正是这种变化的产品之一，是人们应变选择的产物。

三　用户行为背景

阅读是人的内在需求，而能够随时随地地阅读是我们每一个人的理想。在传统信息条件下，人们在移动环境中（比如在旅途中、等候时），常常会因为无事可做而感到无聊，传统习惯之一就是带（找）些图书、报纸或杂志来阅读，这是传统的移动阅读。由于传统的纸介质比较笨重，不方便携带，容易损坏，人们的移动阅读并不很方便。而基于移动通信和网络技术的移动阅读的到来却使人们随时随地阅读成为可能，而且极其方便和灵活，在移动环境中更受人们的欢迎。因此，移动阅读可以说是传统的移动环境下的阅读在新的移动互联技术条件下的继续，是传统移动阅读行为与现代信息技术连接的结果。

第三节　国内外移动阅读的发展现状

一　国外移动阅读的发展

从世界范围来看，进入 21 世纪以来，移动互联网发展迅速。根据市场调研机构 comScore 发布的报告,[①] 到 2012 年,各国的智能手机用户数量都已经开始逐渐超越使用传统手机用户的数量,加拿大、法国、德国、意大利、日本、西班牙、美国和英国等国移动媒体的使用率已经突破了 50% 的大关,这意味着超过半数的移动设备用户都会使用智能手机来访问网络、下载应用程序以及互联网内容。

在亚太地区,根据 GSM 协会发布的《2014 年亚太地区移动经济报告》,[②] 截至 2013 年年底,亚太地区拥有 17 亿独立移动用户,占全球移动用户总数的一半。预计到 2020 年,亚太地区移动用户数的年均复合增长率将保持在每年 5.5% 的幅度,用户总数将达到 24 亿,亚洲将是全球增长最快的移动市场之一。澳大利亚、日本、新加坡和韩国等市场是领先的 4G "数字先锋"。在日本,移动用户普及率为人口总数的 90% 以上;韩国是迄今为止唯一一个 4G 网络人口覆盖率达到 100% 的国家。截至 2013 年年底,韩国 4G 网络连接占移动连接总量的一半以上,成为全球 4G 普及率最高的国家。

日本、韩国的移动通信业比较发达,他们在移动阅读的发展上也处于领先地位。日本移动互联网市场启动时间较早,自 1999 年 2 月日本移动通信公司 NTT DoCoMo 推出 i-mode 服务以来,移动互联网业务种类不断推陈出新。手机移动阅读是日本最受欢迎的移动业务之一,2000年日本一运营商推出手机报业务,同年出现手机小说,日本手机小说之父 YOSHI 在手机网站上发表了描写援助交际的《深爱》,开辟了手机小说的新纪元。到 2005 年、2006 年,手机小说在日本已经被炒得火热,在手机上阅读小说成为一种时尚。[③] 现在,日本有很多小说网站在运营,每天发送数百部小说供手机用户阅读,类型则既有古典与畅销小说,也有专门为手机这种新媒介而写的小说等。日本手机小说内容以爱情为主,读者多为一二十岁的年轻女性。一项调查显示,65% 的手机小

---

① 《日本智能机普及率仅 17%　76% 人口使用移动媒体》（http://www. sootoo. com/content/244247. shtml）。

② 《报告称亚太移动用户数占全球总数一半》,《人民邮电报》2014 年 6 月 12 日第 7 版。

③ 《手机阅读具有广阔的市场发展空间》（http://www. sx. xinhua. org/ztjn/2010 - 01/12/content_ 18748982. htm）。

说读者年龄为 15—24 岁，且六成都是女性。① 在移动图书阅读服务方面，2011 年，NTT DoCoMo 与日本最大的出版集团 DNP（大日本印刷）合作，成立 2Dfacto 公司，采取合资方式运营"实体图书＋手机阅读"业务，建立了针对日本本土市场的 Android 电子书平台 2Dfacto. Docomo，并在自己销售的 Android 智能手机、平板和专用阅读器上预装该平台；此外，NTT docomo 还推出了多种型号的电子阅读终端。手机动漫也是日本手机阅读的重要内容之一。韩国移动互联网的发展始于 2002 年韩国移动通信运营商把 CDMA 网络全面升级到 CDMA2000 1x EVDO，此后移动通信公司 SKT 和 KTF 分别推出了包括一系列高端移动多媒体应用和下载服务在内的移动互联网业务。目前韩国已经成为全球 4G 移动通信技术普及率最高的国家，截至 2013 年 11 月底，韩国三大移动运营商 SK 电讯、韩国电信（KT）和 LG Uplus 的 LTE 用户至少达 2735 万名，在韩国移动用户总数（5440 万名）中占比超过 50%。②

在欧美地区，根据市场调研机构 comScore 的统计，英国和美国的智能手机普及率分别为 51.3% 和 41.8%，两国手机用户访问移动媒体的比率分别为 56.6% 和 55.2%。③ 2014 年 1 月美国移动应用互联网使用率达 55% 首超 PC，移动应用已经成为人们数字化生活的重心，占到美国人数字化生活时间的 52%，"美国人的生活已经离不开移动设备，因为绝大多数美国人几乎每天都会使用智能手机和平板电脑，逾半数（57%）的智能手机用户几乎每天都会使用应用，平板电脑用户中的这一比例为 26%，79% 的智能手机用户每个月有 26 天使用应用，平板电脑用户中的这一比例为 52%"④。由于智能手机的迅速发展，越来越多的用户通过手机阅读电子书及电子杂志，根据 comScore 发布的美国互

---

① 《中国手机阅读，可向日本借镜什么?》（http：//www.cbbr.com.cn/info_ 17686_ 1.htm）。

② 《韩国 LTE 移动用户剧增至 2700 万人占有率破 5 成》（http：//tech.huanqiu.com/comm/2013 – 12/4628406.html.）。

③ 《日本智能机普及率仅 17%　76% 人口使用移动媒体》（http：//www.sootoo.com/content/244247.shtml）。

④ Lella A.，Lipsman A，The US Mobile App Report（https：//www.comscore.com/Insights/Presentations – and – Whitepapers/2014/The – US – Mobile – App – Report）.

联网报告，① 2012 年 3 月，15% 的智能手机用户选择了阅读电子刊物，其中，38% 通过亚马逊的应用，19% 通过谷歌应用，16% 通过 B&N 或 iBook，11% 通过 e. Reader. com 应用。在电子阅读器阅读方面，亚马逊公司推出的 Kindle 阅读器引领了美国乃至世界新潮流。

欧美重量级的电信运营商积极参与移动数字出版业，各自探索适合自己的发展模式。② 德国电信专注发展出版平台和支付服务，其 "Page-Place 数字报刊亭和在线图书馆" 业务提供一站式数字内容销售服务，用户可以购买电子报纸、杂志和书籍，基于台式电脑、笔记本电脑、平板电脑或者智能手机实现随时随地的阅读。西班牙的 Telefonica 公司积极和国内领先的出版商合作通过移动终端为用户提供阅读内容，和 Mundo Reader 公司联手设计和制造了电子阅读器 Movistar ebook bq，采用了 6 寸的电子墨水屏，适合阅读和互联网连接，具备上网、电子词典、边看书边听音乐等功能。法国电信针对非专有的阅读器联合法国图书馆联合会、竞争对手 SFR 等众多参与者，一起打造数字内容图书馆。

二 国内移动阅读的发展

中国互联网络信息中心（CNNIC）于 1997 年 11 月发布第一次《中国互联网络发展状况统计报告》，并形成半年一次的报告发布机制。根据 CNNIC 历年发布的统计报告，2009 年我国手机网民的数量在全体网民中的占比首次突破 50%，CNNIC 发布的《第 24 次中国互联网络发展状况统计报告》显示，截至 2009 年 6 月 30 日，我国使用手机上网的网民已达到 1.55 亿人，占网民的 46%；《第 25 次中国互联网络发展状况统计报告》显示，截至 2009 年年底，我国手机网民规模已达到 2.33 亿人，占整体网民的 60.8%。此后，我国手机网民规模不断攀升，2011 年年底手机网民规模达到 3.56 亿人，2012 年年底我国手机网民数量为 4.2 亿人，2013 年年底中国手机网民规模达到 5 亿人。2014 年 7 月 CNNIC 发布的《第 34 次中国互联网络发展状况统计报告》显示，截至

---

① 《comScore 发布美互联网报告：移动互联网用户猛增》（http://tech. ifeng. com/internet/detail_ 2012_ 06/15/15332330_ 0. shtml）。

② 张晋：《移动阅读：运营商参与模式各不同》，《通信世界》2012 年第 3 期。

2014 年 6 月，我国手机网民规模达 5.27 亿人，手机上网的网民比例为 83.4%，远高于其他设备上网的网民比例。

在移动互联网高速发展的形势下，基于移动互联网的阅读服务也迅速崛起。表 2 - 1 的数据显示，我国国民的手机阅读率上升很快，从 2008 年到 2013 年，我国国民的手机阅读率从 12.7% 迅速攀升到 41.9%。

目前我国正在全国范围建设第四代移动通信网络（4G），GSMA Intelligence 最新的研究发现[1]，中国 4G 网络服务的普及速度将会比之前 3G 网络的普及速度快一倍，到 2020 年年底，中国的 4G 移动连接总数预计将从 2014 年的 1 亿左右增至近 9 亿。随着第四代移动通信技术（4G）的普及，移动阅读特别是移动多媒体阅读将会有更大的发展空间。

第四节　我国移动阅读服务的发展现状

移动阅读服务包括商业性的移动数字出版和公益性的移动数字图书馆服务两类。

一　商业性移动数字出版服务现状

在商业性移动数字出版方面，目前国内参与移动数字出版服务的主体包括传统出版机构、电信运营商、各类新兴的互联网和移动互联网出版机构等。

（一）传统出版机构

与电信运营商、互联网出版机构相比，我国的传统出版机构在数字阅读服务方面起步偏晚。但随着数字出版、移动出版的迅猛发展，传统出版社、期刊社等出版机构也在主动出击移动阅读服务市场，通过挖掘和整合自身的特色及资源，努力探索传统出版机构的数字化生存之路。

近年来，传统出版机构竞相推出阅读 APP 应用[2]。外语教育与研究

---

① 《报告称亚太移动用户数占全球总数一半》，《人民邮电报》2014 年 6 月 12 日第 7 版。
② 任晓宁、李凡：《出版社阅读应用投石问路》，《中国新闻出版报》2013 年 6 月 20 日第 7 版。

出版社自 2009 年、2010 年就开始开发阅读 APP，到目前已有很多非常优秀的应用，比如儿童读物、单词游戏以及教程类应用 APP。2012 年 1 月，中信出版社的"中信尚书房"上线。凤凰出版集团和广州出版集团也分别在 2012 年委托制作阅读类 APP。旅游教育出版社与新网互联共同开发了免费生活类应用"好吃好玩"APP，为用户提供精准、有新意的生活资讯。华东师范大学出版社先后开发了敦煌系列、华师少儿系列、纯英文的中国风系列 APP 等。接力出版社开发的 APP 应用"瓢虫"位列"2012 年度十佳儿童 APP 排名"，是 10 家最佳开发者中唯一一家传统出版机构。

传统杂志也纷纷开发 APP。根据速途研究院发布的《2012 年手机杂志年度分析报告》[①]，《读者》、《青年文摘》、《意林》、《三联生活周刊》、《财经杂志》是 2012 年做得较好的单本杂志 APP 应用。从杂志 APP 的下载量来看，《读者》的 APP 所占的份额最大，为 35.6%，其次是《青年文摘》和《意林》，分别为 28.5% 和 14.2%。《三联生活周刊》为 7.5%、《财经杂志》是 5.8%。其他杂志如《中国国家地理》、《男人装》、《看天下》、《印象杂志》、《汽车杂志》等也都推出了 APP 应用。根据国内最大手机杂志运营商 VIVA 无线新媒体发布的《2012 年手机杂志阅读报告》和《2013 上半年中国手机杂志阅读报告》，2012 年 VIVA 共发布 7206 本杂志，《昕薇》、《时装 L'OFFICIEL》、《米娜》、《嘉人 Marie Claire》、《电脑爱好者》、《Vista 看天下》、《心理月刊》、《健康之友》、《数字时代 STUFF》、《汽车之友》、《现代兵器》、《汽车族》、《摄影之友》、《美食堂》名列 2012 年、2013 年手机杂志排行榜前列。

总体看来，传统出版机构在内容资源和编辑力量方面有优势，但由于传统出版机构在移动数字阅读服务方面起步偏晚，同时缺乏强有力的技术力量和商业运营能力，在商业性的移动数字出版机构中，传统出版机构相对落后，还在努力探索中。

（二）电信运营商

自 2009 年始，国内三大电信运营商先后成立移动阅读基地开展移

---

① 速途研究院：《2012 年手机杂志年度分析报告》（http://news.zol.com.cn/344/3443826.html）。

动阅读服务。2009 年 3 月，中国移动在浙江设立了阅读基地，在内容、终端和渠道上全面拓展，2010 年 5 月实现了全国正式商用。2010 年 6 月，中国联通手机阅读开始在全国试用。2010 年 9 月，中国电信在浙江建成天翼阅读基地。目前，国内三大运营商都推出了自己的移动阅读平台。移动的"和阅读"、电信的"天翼阅读"、联通的"沃阅读"均可通过网站和客户端访问。

中国移动手机阅读基地发挥其"用户全国服务、内容一点接入、业务统一运营和产品全国推广"的优势，与具备内容出版或发行资质的机构合作，整合优质的图书、杂志、漫画等各类阅读内容，通过手机（WAP、客户端）、电子阅读器、平板电脑等载体，面向大众用户与行业用户开展移动阅读服务。经过多年的努力，中国移动手机阅读基地已与中国作家协会、中国出版集团、新华社、国家图书馆、中国编辑学会、数百家出版社、图书公司、图书网站和版权代理公司等机构进行版权合作，基本构建了国内正版图书最多的内容汇聚平台，涵盖图书、杂志、漫画、听书、图片等内容，2013 年中国移动每个月的访问用户超过了 1.3 亿，每个月的客户端活跃用户超过 4 亿，每天的访问页数超过6 亿。在行业服务方面，2012 年中国移动推出了手机行业阅读平台，包括企业内刊、企业定制手机报以及企业数字图书馆。在服务策略上，中国移动手机阅读基地通过"免流量费"、主动推送信息、举办名家讲座和互动活动等手段，利用其全网资源进行移动阅读推广。目前，中国移动和阅读平台已跃升为我国数字阅读产业的中坚力量，良好的付费模式、完善的版权保护，再加上中国移动强大的运营能力以及庞大的用户基数，成为推动中国移动阅读业务迅猛发展的坚实基础。2014 年，中国移动"和阅读"业务计划拿出 5000 万元做数字内容发展基金，建立30 家工作室，发展 100 家分成超过千万的合作伙伴。2014 年 6 月，在"2014 中国互联网应用创新年会"上，中国移动手机阅读基地副总经理陈学表示，目前中国移动手机阅读用户规模已超 1.5 亿。[①]

中国电信天翼阅读是一个跨终端的多屏无缝阅读平台，涵盖包括手

---

① 《布局数字阅读 三大运营商与互联网巨头争百亿市场》（http：//economy．jschina．com．cn/system/2014/07/22/021443251．shtml）。

机、阅读器、PC、平板电脑、电视等终端，并且进行全网开放，无论是移动用户还是联通用户都可以阅读。同时，天翼阅读联合中央人民广播电台等机构推出手机有声阅读服务天翼阅读有声版。到 2012 年年底，天翼阅读全网内容提供商有 300 家，其中图文内容提供商有 240 家，有声内容提供商 60 家，拥有 20 万册图书的版权，其中收费内容占到 30% 以上。阅读基地与合作伙伴实行 55∶45 分成，合作伙伴获得收入的 45%。在推广方面，天翼阅读与 QQ 浏览器、UC 浏览器、搜索引擎、门户网站、主流应用软件市场合作宣传天翼阅读，同时通过举办一些互动活动，引导大众用户走近天翼阅读。截至目前，天翼阅读公司现有"天翼阅读"、"氧气听书"、"政企书屋"三大业务品牌。其中，"天翼阅读"平台图文内容超过 32 万册，涵盖图书、杂志、漫画、资讯等内容，注册用户已突破 2 亿；"氧气听书"平台拥有超过 12 万小时有声内容，注册用户超 5000 万。[①]

从总体上看，以中国移动和阅读为代表的电信运营商在商业性的移动数字出版产业中居于领先和领导的位置。2012 年，中国移动、中国联通和中国电信三大电信运营商的移动阅读基地实现移动阅读收入达到 58.86 亿元，占我国移动阅读市场总营收的九成以上，是移动阅读市场绝对的领导者。其中，电子书（含网络文学）业务收入 29.08 亿元，手机报业务收入 19.8 亿元，电子杂志业务收入 0.82 亿元，动漫业务收入 3.14 亿元，其他业务收入 6.02 亿元。[①]

（三）新兴互联网与移动互联网出版机构

互联网机构是数字出版的弄潮者，近年来新浪、网易、百度、搜狐、盛大、腾讯等知名互联网企业纷纷加入数字出版行列。随着移动互联网的迅速普及，互联网出版快速向移动数字出版迁移，同时出现了一批新兴的移动数字出版企业。新兴的互联网与移动互联网机构凭借技术与资本优势，迅速崛起为数字出版的主流力量之一。

在互联网出版企业中，影响力较大的移动阅读服务机构包括新浪、网易、百度、淘宝淘花、腾讯 QQ 阅读、中文在线、豆瓣读书、方正、

---

① 《〈2013 年移动互联网蓝皮书〉发布　全景总览移动互联网发展》（http：//news. xin-huanet. com/info/2013 - 05/29/c_ 132417388. htm）。

盛大文学、京东、当当、阿里等。

2010 年 7 月，百度推出了手机版的文库；2013 年 7 月，百度收购 91 无线。91 熊猫看书系 91 无线出品的阅读品牌，创建于 2008 年 5 月，致力于打造"无线阅读第一平台"，91 熊猫看书主打网络文学内容，与多家网络文学内容提供商合作，并搭建原创平台，积累较多内容资源。[①] 截至 2013 年 10 月，91 熊猫看书已为超过 1.2 亿的注册用户提供了高品质的小说、散文、杂文、漫画等多类精彩读物。[②]

2011 年 5 月，移动阅读应用网易云阅读正式上线运营。网易云阅读整合了传统媒体、互联网媒体、社交媒体、影音媒体等阅读内容，将 iPhone/Android 手机或者 iPad，变成一个可以观看各类资讯和定制个性化杂志、图片、报纸、博客、社区、微博甚至网易公开课的移动阅读工具。网易云阅读所有的内容源，都经过了编辑团队精心挑选和加工；在书籍内容方面，网易云阅读推出千本公共版权图书，不仅包括中国古典文学名著，还囊括了《一千零一夜》、《源氏物语》等国外经典文学名著，并对图书进行了精编和校对。网易还投入千万巨资购买文学名家热门新作。现在网易云阅读里包含了 10 万本以上的经典名著、畅销图书，3000 本以上的顶级杂志、文化期刊，还有海量的全媒体定制内容，是融合书籍、杂志和各种资讯的全媒体阅读应用。在服务策略上，网易云阅读设计了深度定制的功能，把选择权还给用户。网易云阅读在内容中心界面专门开辟了发现、精品、热门这三个子栏目，通过这些子栏目，用户可以迅速找到自己想要的内容源。同时，网易云阅读还开放了个性化订阅的功能，为用户提供 RSS、微博搜索等多种内容添加入口，不同的用户可按照其不同的使用方式和需求度，来随意添加自己想看的内容。2012 年 6 月，网易云阅读的用户量突破 500 万。[③]

盛大文学是国内最大的在线文学平台，其在 2010 年的营业额占据国内网络文学市场份额的 70% 以上。2011 年 11 月，盛大文学正式发布

---

① 《易观评论：2012 年中国移动阅读市场实力矩阵分析》（http：//www. enfodesk. com/ SMinisite/maininfo/articledetail - id - 342860. html）。

② 《91 熊猫看书发布新版本　主打轻阅读》（http：//net. chinabyte. com/0/12768500. shtml）。

③ 刘有才、罗尚虎：《从网易云阅读看中国人的移动阅读习惯》，《青年记者》2012 年第 22 期。

移动互联网战略，宣布对移动阅读平台和服务提供商百阅公司进行投资，双方在版权、内容方面展开合作。同时，盛大文学还宣布与联想、掌阅、3G门户、斯凯网络等多家企业展开手机阅读的合作。近年来，盛大文学在移动阅读服务领域成绩斐然，2011年已成为三大移动运营商阅读基地最大的内容提供商，2012年来自中国移动手机阅读基地年度总访问用户数近1.5亿，较2011年翻了一倍；自有移动互联网端中日活跃用户数超过500万，月活跃用户数超过3000万，来自自有移动渠道的收入已经超过PC端收入。

中文在线创立于2000年，是一家民营"数字出版运营者"，在国内率先提出"全媒体出版"的概念。为了适应用户移动阅读的需要，2011年4月，中文在线推出了中文电子书门户网站爱看书网，深化和固化与手持阅读器、平板电脑硬件厂商的合作，为厂商提供系统专业的正版数字内容解决方案。目前，中文在线是中国移动手机阅读基地的运营合作伙伴和最大的内容提供商之一，与国内241家版权机构合作，签约知名作家、畅销书作者2000余位，拥有驻站网络作者超过30万名。[1] 17K小说网是中文在线旗下的原创文学网站，2011年11月17K阅读APP正式上线，涵盖中文在线17K小说网所有阅读内容，到2013年年底，17K小说网版权内容数量达30万本以上，用户数超过600万。

豆瓣读书是豆瓣网站围绕图书构建的兴趣社区，发现书籍、管理书籍、以书交友是豆瓣读书的主要功能。凭借主要由用户提供的海量图书数据，和读者对自己喜爱的图书的标记，豆瓣读书通过社会化推荐和个性化算法，成为发现书籍的书库。随着数字阅读价值的凸显，豆瓣网站于2012年5月推出了豆瓣阅读，以个人投稿为主，豆瓣审核通过后，发布到平台上出售，用户可以通过手机、PC阅读使用。豆瓣阅读作品涵盖的门类很多，以"篇"为单位出售，大多可以在1—2个小时阅读完。2013年年初，豆瓣阅读首次发布成绩单，已上架作品500多部，用户量已超过150万。[2]

---

① 《布局数字阅读 三大运营商与互联网巨头争百亿市场》（http://economy.jschina.com.cn/system/2014/07/22/021443251.shtml）。

② 《"豆瓣阅读"首次发布成绩单》（http://www.iknowing.com/iknowing/note/60629120283361.html）。

新浪于 2013 年全面开启手机移动端的阅读服务"新浪视野"，新浪视野是一款兼具海量信息和互动分享的移动阅读软件，覆盖包括 iPad、iPhone、Android、Win8、WEB、WAP 六大平台，将国内外数千家知名媒体杂志、地方主流报纸、1000 多个网站 RSS 资源及新浪全部博客和微博内容进行聚合，将优质的内容以杂志化形式呈现给用户，使用户在终端设备上获得完美的阅读体验。新浪视野用户增长迅速，已突破 2500 万。[①]

腾讯文学是腾讯网站旗下的文学平台，拥有包括创世中文网、云起书院、QQ 阅读等一系列品牌。腾讯文学内容覆盖玄幻、都市、穿越、言情、灵异及图书等文学类别，用户通过 QQ 一键登录，轻松实现网站、手机阅读无缝切换。"QQ 阅读"是配合腾讯文学于 2011 年 4 月上线的一款阅读 App，目前发展到有 iPhone 版、Android 版和 iPad 版。2013 年 9 月，腾讯文学将"QQ 阅读"接入拥有 5.5 亿月活跃用户的 QQ 手机版，推出了"QQ 阅读中心"，主打社区轻阅读。

当当网是传统的图书电子商务平台。2010 年年末，当当网宣布正式推出旗下电子书销售平台"数字书刊"，首批上线 5 万种图书。当当预计用三年时间，电子书下载量将超过纸书销售数量。当当网效仿亚马逊的"阅读器 + 内容平台"模式，与版权方按 4∶6 分成，当当网获得销售收入的 40%。

在移动互联网出版企业中，3G 门户、鲜果网、ZAKER、多看、掌阅、VIVA、3GV8、掌媒等都是有代表性的新兴移动阅读服务机构。

3G 门户是国内资深的手机互联网门户网站，每日活跃用户数超过 2000 万。通过收购整合拥有原创内容的互联网文学网站，举办手机文学大赛，培养并签约新的移动网络文学作家，打造新的原创手机文学作品的发行平台，并不断开发手机阅读客户端软件，加强移动互联网内容门户的地位。

2007 年 2 月，RSS 在线阅读工具鲜果网上线。在移动互联网的发展大潮中，2011 年 3 月，鲜果联播上线，用户可以通过移动终端订阅

---

① 《移动阅读市场仍在跑马圈地　杂志化将成发展重点方向》（http：//finance. 21cn. com/newsdoc/zx/a/2013/0208/15/20377912. shtml）。

自己喜爱的信息。2012 年，鲜果读书移动客户端推出，与鲜果读书网页版相配合，为用户提供深度阅读的工具。目前，鲜果网的移动应用已经覆盖了各大平台：iOS、Android、WP7、Win 8，其用户突破2000 万。①

ZAKER 是互动分享和个性化定制的阅读平台，拥有 Pad、iPhone、Andriod、Andriod Tablet、WP、Win 8 六大版本。它将资讯、报纸、杂志、图片、微博、微信等众多内容，按照用户意愿聚合到一起，实现深度个性化定制。它拥有强大的互动分享功能，打通多个社交媒体平台，可将任何内容通过邮件、短信、微博、微信、QQ 等转发分享。截止到2013 年 9 月底，ZAKER 总安装量超过 3000 万。ZAKER 拥有 500 多家媒体合作伙伴，上千种内容源。内容涉及资讯、娱乐、财经、科技、汽车、微信自媒体等 20 种分类，其中不乏新华网、新京报、中国新闻周刊、FT 中文网、三联生活周刊、参考消息等国内知名传统媒体。

多看阅读、掌阅都是成绩显著的移动阅读服务机构。2013 年，多看阅读的用户数从年初的 600 万增加到年末的 2500 万，其中付费用户从 3 万增长到 35 万，日营业额更是增长了 10 倍，从日均 6000—7000元增长到 6 万—7 万元。而掌阅的用户则直接突破了 2 亿大关，达到了2.5 亿人。②

3GV8（北京三代动力软件技术有限公司）于 2005 年 7 月成立。3GV8 致力于移动设备应用软件的开发，V8 书客、V8 杂志是其核心产品。深圳掌媒科技有限公司的业务核心是手机杂志，目前已经吸引了国内 100 多家杂志的合作，其中以时尚高码洋杂志居多。

VIVA（北京维旺明信息技术有限公司）成立于 2006 年，目前已经与国内上千家杂志社和出版社结成了战略合作伙伴。根据速途研究院发布的《2012 年手机杂志年度分析报告》，③ VIVA 手机杂志是国内最大

---

① 《鲜果网 CEO 梁公军：专注移动阅读 两年内不盈利》（http：//www.techweb.com.cn/people/2012 – 09 – 24/1239797_ 2. shtml）。

② 《大数据及富媒体将成数字阅读市场热点》（http：//news.china.com.cn/rollnews/ent/live/2014 – 01/10/content_ 24267155. htm）。

③ 速途研究院：《2012 年手机杂志年度分析报告》（http：//news.zol.com.cn/344/3443826. html）。

的手机杂志平台，覆盖 iOS、Android、Windows Phone 等平台，拥有在线手机杂志千余册，涵盖新闻、财经、时尚、娱乐、生活、军事、体育等诸多领域，累积用户已过亿。VIVA 成立初始就实现了盈利。VIVA 2011 年的营收超过 790 万美元（约合人民币 5000 万元）。而 2012 年，VIVA 营收与上年基本持平。VIVA 的盈利模式主要来自两个渠道，一是与三大运营商合作，成为其重要的手机杂志内容提供商、技术支撑方、手机杂志运营合作伙伴，通过技术和内容盈利；另一个则是通过广告盈利。[①]

（四）存在问题

经过多年的发展，我国的移动阅读服务取得了显著成绩，但也存在一些结构性的问题。首先服务主体发展不均衡，在现有的服务商中，电信运营商、互联网出版商在服务技术、用户规模等方面占有明显优势，而传统出版机构处于弱势地位，缺乏核心技术和专业人才。在服务内容方面，目前我国的移动阅读服务内容大多以新闻性、娱乐性等浅阅读内容为主，缺乏知识性阅读等深阅读，内容同质化现象比较严重，缺乏优质内容版权资源，尤其是能充分发挥移动阅读优势的内容。在服务经营上，缺乏成熟、稳定的盈利模式，难以推动移动阅读服务的可持续性发展；不少服务机构推广方式相对单一，对用户的需求与行为特征研究不够，精准营销力度不足，推广效果、用户规模都不够理想。

二　图书馆移动数字阅读服务现状

国内图书馆移动信息服务的起点当在 2003 年 12 月，其时北京理工大学图书馆率先在国内推出试用手机短信息通知系统，主要功能是流通借阅通知的实时提醒。[②] 图书馆开展移动阅读服务始于 2009 年，以上海图书馆、清华大学图书馆和国家图书馆为代表。[③] 2009 年 3 月上海图书馆向社会推出移动电子书阅读器的外借服务，2009 年 11 月上海图书

---

① 《VIVA：重回阅读时代》（http：//finance. sina. com. cn/leadership/mroll/20130312/174314806565. shtml）。

② 崔宇红：《基于手机短信平台的图书馆信息推送服务》，《大学图书馆学报》2004 年第 4 期。

③ 茆意宏：《面向用户需求的图书馆移动信息服务研究》，中国书籍出版社 2013 年版。

馆推出手机电子书服务，读者可以将在线借阅的电子书下载到手机上，使用户在手机上就能阅读所借阅的电子书。2009 年清华大学图书馆实现了基于短信和 WAP 的图书馆服务系统，提供 OPAC 和电子资源的手机服务。2009 年，国家图书馆以"掌上国图"的品牌将移动服务打包推出，包括移动数图、短信服务、国图漫游和手机阅读四大频道；手机阅读是针对手机用户进行订阅、下载、导入和阅读各种图书、报纸、杂志、漫画等内容的服务形式。在手持阅读器方面，2009 年 4 月，北京大学引进汉王电子书率先提供电子阅读器外借服务——"图书馆电纸书借阅"。2009 年国家图书馆将这一服务延伸到馆外，2010 年国家图书馆联合有关企业研发具备 3G 功能的手持阅读器，推送国家图书馆的资源与服务，让用户能够随时、随地、随身地分享包括碑帖年画、文津图书、在线展览、古籍善本、国图老照片、音视频讲座等在内的特色资源。

（一）公共图书馆移动阅读服务现状

以省级公共图书馆为例。根据笔者调查，31 家省级公共图书馆中目前有 25 家开通了移动阅读服务，包括甘肃省图书馆、青海省图书馆、云南省图书馆等在内的 6 家公共图书馆尚未开通移动阅读服务。开通移动阅读服务的 25 家省级图书馆均开通了"移动图书馆"服务，有 7 家同时开通了"电子阅读器外借"服务，说明目前"电子阅读器外借"服务在省级公共图书馆中的普及率相对较低。

省级公共图书馆移动阅读服务的服务模式主要有 WAP 模式和客户端模式。提供移动阅读服务的 25 家省级公共图书馆均提供 WAP 访问方式，用户通过移动终端登录其移动图书馆平台即可访问馆内资源；其中有 14 家公共图书馆提供移动阅读服务客户端的下载。在省级公共图书馆使用的移动阅读服务平台方面，只有国家图书馆和上海图书馆自行开发了平台，多数公共图书馆选择与超星、龙源期刊等内容提供商进行合作。

（二）高校图书馆移动阅读服务现状

以"985"高校图书馆为例。2011 年，北京大学、华南理工大学、复旦大学等 7 所高校先后推出了"移动图书馆"服务，用户可通过手机等移动终端登录"移动图书馆"WAP 数字平台或通过"移动图书馆"客户端在线阅读或下载电子图书、期刊、报纸、论文等资源。2012 年，南京大学、东南大学在内的 16 所高校图书馆相继开通该服务。相比"移动图书馆"服务的开通速度，"电子阅读器外借"服务的发展相对较为缓慢，从 2009 年到现在，只有 5 所"985"高校图书馆提供该项服务，按开通时间顺序依次是：北京大学、西安交通大学、电子科技大学、浙江大学和重庆大学。

根据笔者调查，39 家"985"高校图书馆中有 31 家开通了移动阅读服务，说明目前"985"高校图书馆移动阅读服务发展情况良好，普及度较高。东北大学、中南大学、中央民族大学等 8 所高校未开通移动阅读服务。在开通移动阅读服务的 31 家高校图书馆中，其中有 5 家同时开通了"电子阅读器外借"服务，说明目前"电子阅读器外借"服务在"985"高校图书馆的普及程度偏低。目前图书馆移动阅读服务的服务模式主要有 WAP 和客户端两种模式，31 家提供移动阅读服务的高校均提供 WAP 访问方式，有 28 所高校提供客户端访问方式。多数高校图书馆与超星、书生公司、博看期刊等内容提供商进行合作，主要通过购买方式建设本馆的移动阅读资源平台。自行开发平台的只有 2 所高校，其开发的平台分别是清华大学图书馆的 TWIMS 系统和南京大学图书馆的"Mobi + 移动图书馆"。清华大学图书馆同时与北京书生公司合作对其移动阅读资源平台进行完善。

（三）存在问题

尽管不少公共图书馆、高校图书馆近年来陆续推出了移动图书馆阅读服务，但总体上我国图书馆移动阅读服务的普及率还较低。服务内容与功能以延伸数字图书馆内容为主，缺乏切合移动互联网用户阅读行为特征的内容。主动服务不够，服务方式并没有充分发挥移动阅读的优势，与其他媒介的融合发展需要强化。总体看来，服务效能低，用户利用率与满意度不够理想。

第三章　移动阅读的基础理论问题

本章拟对移动阅读的概念、组成要素、模型、影响因素、特征、类型与意义等基础理论问题进行分析与探讨。

第一节　移动阅读的概念

关于移动阅读的概念，许多服务机构和学者给出了自己的定义。中国移动是目前最大的移动阅读服务机构之一，其所要发展的移动阅读是广义的，不仅包括以手机做载体的 WAP、客户端等阅读，还有一个重要的载体业务形态，就是专用手持阅读器，它能够高速联网实现在线阅读或下载阅读，使得图书作品在移动终端上展现的广度和深度更强，并且可以拓展到行业应用，实现"终端 + 通道 + 内容"的整合拓展。[①] 易观国际是专注于互联网和移动互联网的研究咨询机构，近年来推出了一系列手机移动阅读的调研报告，他们认为手机阅读是指利用手机为阅读内容承载终端的一种移动阅读行为，用户一般通过手机阅读新闻早晚报、手机小说、手机杂志、手机动漫、资讯等内容。[②] 在学术界，曾妍提出，"移动阅读，即随身阅读，是以移动阅读设备为载体，对以电子版方式在互联网上出版、发行的文本信息、图像、声音、数据等多种信息形式的内容，通过便携式阅读终端进行有线下载或无线接收，最终实

---

① 《中国移动手机阅读高峰论坛在杭州举行》 （http://labs.chinamobile.com/news/23363）。

② 《2010 年第 2 季度中国手机阅读市场收入达 6.2 亿　规模进一步提高》 （http://www.enfodesk.com/SMinisite/index/articledetail - type_ id - 1 - info_ id - 5122. html）。

现阅读的一种新方式"①；卞庆祥将移动阅读定义为"以手机、PDA 等移动终端为阅读工具，在移动通信与互联网络相结合的无线互联网络环境下对网上电子资源进行的随时随地的阅读"②；楼向英、高春玲认为，"移动阅读一般指不受物理位置的限制，人走到哪儿，即可阅读到哪儿"③，并认为手机阅读是移动阅读的一部分，且与数字阅读和多媒体阅读有一定交叉；岳蓓等认为，"所谓移动阅读，指的是以手机或专用手持阅读器为承载终端的一种阅读方式。一般来说，通过移动阅读终端，用户可以阅读报纸、小说、杂志、动漫等内容"④。"对阅读内容的界定，不仅包括各种传统阅读内容在移动设备上的移植，如图书、报纸、杂志、博客、原创文学、手机报、手机动漫、各类互动资讯等内容，还包括利用新兴的信息获取方式获取并阅读的各类信息。"⑤ 以上这些定义尽管文字表述各有不同，但都从移动网络、移动终端、数字多媒体内容等方面对移动阅读的内涵进行了揭示。

笔者认为，移动阅读是阅读的子集。阅读是人类最基本的信息行为之一，是对出版物上的内容进行综合利用的行为。从阅读的演变过程看，现代阅读的内涵比传统阅读有了很大的扩展，在电子阅读出现之前，人们主要对图书、报纸、杂志等纸媒出版物中的文本信息进行利用。随着电子阅读、网络阅读、数字阅读的出现，出版物中的文本信息不再独霸天下，集文本、音频、视频于一体的多媒体信息的比重越来越大，人们的阅读不再仅仅局限于文本，其内涵已经扩展到对多媒体信息的综合利用。除了传统的"看"，还包括了"听"等阅读方式。很显然，这已经是广义的阅读了。

移动阅读是移动环境下的阅读，移动是相对于固定而言，区别在于人或物在空间位置上的变化状态。固定环境是指人或物处在相对稳定的空间环境，比如室内。移动环境则是指人或物处在不断变化的空

---

① 曾妍：《移动阅读在图书馆实行的可能性分析》，《图书馆建设》2009 年第 2 期。

② 卞庆祥：《基于 3G 技术的图书馆移动阅读服务》，《新世纪图书馆》2009 年第 5 期。

③ 楼向英、高春玲：《Mobile 2.0 背景下的手机阅读》，《图书馆杂志》2009 年第 10 期。

④ 岳蓓、刘宇、邹玥：《3G 时代移动阅读终端探析》，《科技情报开发与经济》2012 年第 5 期。

⑤ 鄢小燕、张苏闽、谢黎：《基于移动阅读特征分析的图书馆移动服务思考》，《图书馆论坛》2012 年第 5 期。

间环境，比如户外运动中、交通过程中、旅途中等。固定阅读环境是指固定环境中人们主要用于从事阅读活动的空间环境，比如教室、会议室、办公室、书房、图书馆等；移动阅读环境是指移动环境中人们可以兼而从事阅读活动的空间环境（因为移动环境中，除了记者等专业信息工作者之外，大部分人的第一行为不会是信息行为）。从移动阅读的生成过程与背景来看，移动阅读是传统移动阅读（随身携带书报刊、口袋本）的延续。移动阅读是现代移动信息技术发展的产物。移动信息技术实现了人类随时随地传播和获取信息的梦想，它是基于无线或移动通信网络平台，通过手机等移动终端实现信息的双向传播。

从移动终端看，移动阅读包括手机阅读和其他移动阅读。手机阅读是用户对手机载体上的信息内容的认识活动，阅读内容形态既包括文本信息，也包括音频、图像和视频类信息。其技术实现方式随移动/无线信息技术的进步而发展，从有限移动（离线下载、本地下载等）到无限移动，从SMS（短信息）、MMS（多媒体信息）到WAP、客户端软件、WEB直接上网等，用户可以主动访问阅读，也可以订阅、下载所需阅读内容。除了手机阅读之外，移动阅读还包括其他移动阅读。在手机阅读兴起的同时，许多其他移动终端，比如MP3、MP4、PAD、PSP、电子词典、电子阅读器等，也都可以通过离线下载或无线网络在线获取内容的方式实现移动阅读。电子阅读器是目前除了手机阅读之外最受欢迎的移动阅读终端之一。

基于以上分析，笔者认为，移动阅读是用户以手机、平板电脑等移动设备为终端，通过移动或者无线通信网络访问、接受、下载所需信息，在移动终端上浏览、收看（听）并进行交流互动的阅读活动。

需要注意的是，很多人在论述时将移动阅读与移动阅读服务混为一谈。移动阅读是用户视角下的概念，是对用户的移动阅读需求与行为等进行解释的概念。移动阅读服务则是服务机构视角下的概念，是指服务机构通过无线网络和手持移动终端为用户提供内容供用户阅读利用。因此，必须将两个概念进行区分。

第二节　移动阅读的组成要素

关于移动阅读的组成要素，信息行为理论与阅读学理论的研究成果可供我们参考。在信息行为领域，Sonnenwald 和 Iivone[①] 指出信息行为由个性、物质、动力、空间、时间（即 PMEST）部分组成，个性方面解释并描述了某一环境中参与者的特性，包括爱好、能力、感受力和认知能力以及他们的社会网络。物质是行为的对象，包括信息资源、信息和通信技术以及其他与环境相关的对象，也包括对于这些对象的存取途径。动力方面主要指引起行为的动作和因素，例如目标引起行为的问题、动机、参与者使用过程。空间方面包括工作或任务的环境，也可以是组织或者更大的社会—政治—经济环境。时间方面是指行为或事件发生的"非空间的连续体"，它反映了信息行为发生的阶段，并且可以被分为片段、间隔或者时期。王艳、邓小昭认为用户信息行为的构成要素，可以用 5W1M 模型加以阐释：行为主体（Who）、行为动机（Why）、行为形态（What）、行为时间（When）、行为空间（Where）和行为媒介（Media）。行为主体就是信息用户，是信息活动的参与者，它可以是单一主体或交互活动中的多方主体。用户信息行为的动机主要分为以下几种：工作、自我提升、认同、生活、社交、消遣、警戒。行为形态分为：受信、传信、交流、查寻、生产、积累。行为时间是信息行为发生的时刻或时段。行为空间是信息行为发生的场所，包括现实空间和虚拟空间。行为媒介包括各类传统符号（如语言、文字、形体姿态、图画、影像）和多媒体信息（图形、图像、动画、音频、视频等）。[②]

著名阅读学者曾祥芹先生在其著作《阅读学原理》中提出了阅读学的"三体"（阅读客体、阅读主体和阅读本体）理论体系，[③] 即阅读

---

① 张薇薇：《社群环境下用户协同信息行为研究评述》，《中国图书馆学报》2010 年第 4 期。

② 王艳、邓小昭：《网络用户信息行为基本问题探讨》，《图书情报工作》2009 年第 16 期。

③ 曾祥芹、韩雪屏：《阅读学原理》，大象出版社 2002 年版，第 12 页。

本体是阅读主体和阅读客体的对立统一理论。阅读主体是指与阅读客体发生阅读关系的那一部分阅读者，即在阅读过程中从事阅读活动的人。阅读客体是与阅读主体发生阅读关系的那一部分物质——精神世界，包括自然客体、社会客体和精神客体，其中以精神客体为主干。阅读本体则是阅读主体和阅读客体的现实统一。

移动阅读是用户对手机等移动载体上的信息内容的认识活动，参考上述信息行为理论与阅读学理论研究成果，移动阅读包括用户、阅读行为和读物三个基本组成部分。用户是移动阅读的主体，由各种年龄、性别、学历、职业、收入等人口统计特征的用户群组成，他们在移动阅读需求与行为上也表现出不同的特征。读物是移动阅读的客体，包括阅读内容和手机等移动载体。移动阅读行为就是用户对移动读物的需求、寻求、使用与交流等活动的总和。它们之间的关系如图3－1所示。

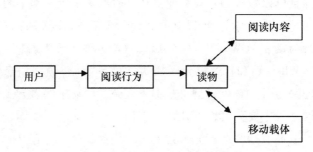

图 3－1　移动阅读的组成要素

第三节　移动阅读行为模型

一　理论基础

（一）信息行为理论

阅读是人类信息行为之一。对人类信息行为的研究，心理学、语言学、教育学、社会学等学科一般侧重于对人的信息利用行为进行研究，而"情报学领域的信息行为，一般是指当信息用户有了确定的信息需求时，以各种方式对所需求的信息进行寻求、传递和使用的行为"①。

20 世纪 50 年代早期 ARIST（信息科学与技术年度评论）有一系列文献对信息需求与信息行为开始进行探讨，也有许多文献探讨特定用户群体的信息行为。② 20 世纪 70 年代，"信息行为"概念开始成为研究者所运用的核心概念，当研究者关注信息探求者在需要、探求和使用信息时，他们常使用信息行为这一概念。Feinmen 及其同事研究"信息行为"一词的本质，并且对不同种类的"信息行为"加以概括。③ 20 世纪 80 年代研究者们开始使用认知方法研究信息行为，自此以后，整个西方信息行为的研究几乎都是基于认知方法的研究，经历了从个体主义认知方法研究向整体主义认知方法研究的转变。④

1983 年，Brenda Derwin 提出了"意义建构理论"⑤。意义建构理论模型经过两次修改，从状态—差距—结果三要素模型发展为后来的状态—差距—桥梁—结果四要素模型，Derwin 认为个体存在于一个不断变换的时空统一体中，在日常生活中会遇到许多困境，这些困境由个体所处的具体情景所引发，困境使个体目前的认知状态与目标状态产生了差距。认知上的差距使个体产生信息需求和查寻信息，然后通过不断地利用信息，即意义建构，个体终将弥补这一认知上的差距。

1981 年 T. D. Wilson 将自己原有的信息查寻行为模型进一步扩充，构建了试图容纳更多具体信息活动及其关系的信息行为模型，⑥ 该模型除了包含了原有的信息寻求行为的基本内核外，还体现了信息交流、信息传递及信息利用等各种信息活动。1996 年，T. D. Wilson 对其 1981 年

---

① 朱婕、靖继鹏、窦平安：《国外信息行为模型分析与评价》，《图书情报工作》2005 年第 4 期。

② 曹双喜、邓小昭：《网络用户信息行为研究述略》，《情报杂志》2006 年第 2 期。

③ 彭文梅：《"信息行为"与"信息实践"——国外信息探求理论的核心概念述评》，《情报资料工作》2008 年第 5 期。

④ 迪莉娅：《西方信息行为认知方法研究》，《中国图书馆学报》2011 年第 2 期。

⑤ Dervin, B., An Overview of Sense – making Research: Concepts, Methods and Results to date（http://faculty. washington. edu/wpratt/MEBI598/Methods/An% 20Overview% 20of% 20Sense-Making% 20Research% 201983a. htm）.

⑥ Wilson, T. D., "On User Studies and Information Needs", *Journal of Documentation*, No. 1, 1981.

的模型进行了修正和完善，提出了"信息行为一般性模型"①②。该模型始于信息需求的产生，终止于信息的利用，根据信息行为的生命周期的不同流程，分别给出了相应的影响机制和理论支撑。

2003 年，Barbara Niedż wiedzka 在应用 Wilson 一般性模型对管理者信息行为进行实证研究的基础上，对一般性模型进行了大胆的修正，提出了"信息行为一体化模型"③，Barbara Niedżwiedzka 发现，Wilson 一般性模型并不能对所有的信息用户群体提供足够的解释力，它只适用于描述那些独立进行信息寻求等信息行为的人群，而管理者群体恰恰很少亲自去搜寻、探求信息，他们的信息行为很少是完全独立的，在很大程度上与其他人的信息行为交织在一起，是受到其他人信息行为"干预"的。而且管理者并不是自身信息行为受到他人"干预"的唯一群体。因此，Barbara Niedżwiedzka 在其提出的"信息行为一体化模型"中，将信息寻求分为完全独立的信息寻求行为和通过正式或非正式中间媒介完成信息寻求两类。④ Barbara Niedżwiedzka 的"信息行为一体化模型"的优化之处主要表现在四个方面：①"情境"与中介变量同一化；②所有的信息行为都是在一定的情境之下发生和进行的；③信息行为过程的所有阶段上都存在动力机制；④明确指出信息寻求的两个基本策略：完全独立地查找获取以及/或者通过借助各种中间媒介查找获取信息。⑤

随着信息技术和社会经济的发展，用户的信息行为更加丰富多样，学术界的研究也相应地在扩展：①从研究信息查询检索行为到研究信息行为整体，全面关注、研究信息行为的全过程；②从研究单向信息接受行为到研究双向信息互动行为；⑥ ③从研究个体信息行为到研究群体信

---

① Wilson，T. D.，"Models in information behaviour research"，*Journal of Documentation*，Vol. 55，No. 3，1999.

② Wilson，T. D.，"Information Behaviour：An Interdisciplinary Perspective"，*Information Processing and Management：an International Journal*，Vol. 33，No. 4，1997.

③ Barbara Niedżwiedzka：A Proposed General Model of Information Behaviour（http：//Informationr. net/ir/9 – 1/paper164. html.）.

④ Ibid..

⑤ 宋雪雁、王萍：《用户信息行为研究述评》，《情报科学》2010 年第 4 期。

⑥ 胡磊：《论信息服务交互的用户信息行为理论基础》，《情报理论与实践》2010 年第 3 期。

息行为；①② ④从关注传统文献信息环境到关注数字信息环境，从研究图书情报机构用户到研究网络用户③④⑤⑥。

综合国内外学术界关于信息行为的已有研究成果，可以看出，信息行为是一系列行为的总和，包括信息需求认识与表达行为、信息查寻行为、信息利用行为、信息交互行为、信息发布行为、信息创造行为等。根据信息行为主体，信息行为可以分为个体信息行为和群体信息行为。个体包括独立个体和中介服务性个体。秘书、图书馆员等都属于中介服务性个体。群体用户是指在各种群体环境中的用户，这些群体环境包括职业环境（单位、会议、市场活动等）、学术环境（课堂、会议等）、图书馆、日常生活环境（集体学习、娱乐等）、网络虚拟环境（网络社区）等。这些群体环境中的用户，如单位同事、学习与科研团队、家庭成员、社区邻居、兴趣社团成员、虚拟社区成员等，他们在群体中有共同的需求和目标，行为上进行分工协作，共享成果。

（二）阅读学理论

19 世纪末，现代阅读学形成并迅速发展。现代阅读学作为一门独立的学科出现的标志是 1956 年 1 月在美国成立了国际阅读协会。20 世纪 60 年代后，国外还开设了阅读方面的大学课程。基于认知心理学而形成的阅读认知理论，是比较有代表性的阅读理论研究成果。认知是指人类认识客观事物、获得知识的过程，包括知觉、记忆、言语、思维和问题解决等心理过程。阅读认知理论认为阅读的目的在于理解，是一个学习者以信息的接收、编码为基础，根据已有信息建构内部的心理表征，并进而获取心理意义的过程。

曾祥芹的文章阅读理论是我国当代阅读学研究的代表理论。曾祥芹

---

① 张薇薇：《社群环境下用户协同信息行为研究述评》，《中国图书馆学报》2010 年第 4 期。

② 迪莉娅：《西方信息行为认知方法研究》，《中国图书馆学报》2011 年第 2 期。

③ 陈成鑫、初景利：《国外新一代用户网络信息行为研究进展》，《图书馆论坛》2010 年第 6 期。

④ 曹梅：《略论用户信息行为研究的演进》，《图书情报工作》2010 年第 1 期。

⑤ 邓小咏、李晓红：《网络环境下的用户信息行为探析》，《情报科学》2008 年第 12 期。

⑥ 王艳、邓小昭：《网络用户信息行为基本问题探讨》，《图书情报工作》2009 年第 16 期。

先生从 20 世纪 80 年代初开始从事阅读学研究，出版阅读学论著十余本，包括"阅读学丛书"（《阅读学原理》、《阅读技法系统》、《文体阅读法》、《古代阅读论》、《国外阅读研究》等）、《阅读学新论》、《历代读书诗》、《快读指导举隅》、《阅读改变人生》、《汉文阅读学导论》、《文章阅读学》等。曾先生提出了阅读学的"三体"理论体系，认为阅读过程是阅读本体研究的基础项目和重点课题，无论阅读原理、阅读技法或阅读教学，都要在一定的阅读时空（即过程）中才能体现出来，离开过程，阅读活动就无法进行，人们对它也无从认识和把握。[①] 阅读过程是指阅读主体与阅读客体的矛盾运动在时间上的前后相继和在空间上的连续不断，是读者和读物相互作用的由简到繁、由低到高、由量变到质变的过程，分为始前准备、正式阅读、末后储用三个阶段。阅读行为产生之前，应先做好阅读的各种必要准备。从阅读客体来说，有读物准备、时间准备、环境准备；从阅读主体来说，有选择读物的准备、文化知识的准备、良好心境的准备等。[②] 阅读的正式过程从心理学角度看包括感知、理解、欣赏、评价、迁移，[③] 从行为科学角度看体现在读者的躯体及言语运动之中。[④] 阅读是读者从书面语言代码中提取意义的心理过程，即对读物信息的摄取过程，包括：（1）阅读前期——选码和识码，即产生和保持阅读动机、选择读物，对读物进行初步感知识别；[⑤]（2）阅读中期——解码和组码，理解和阐释读物语言代码的意义，组织编制新的认知结构，这是阅读过程中最紧张、艰难的时期；[⑥]（3）阅读中期——赏码和评码，就是欣赏读物所展示的形象图景以及由此而产生的一系列情感和意志活动，这是阅读过程中最富有生机和活力的时期；[⑦]（4）阅读后期——储码和用码，即读者如何储存和应用阅读中所提取的语义信息。[⑧] 阅读的正式过程完成后，读者的阅读活动并

---

① 曾祥芹：《阅读学新论》，语文出版社 1999 年版，第 196 页。
② 同上书，第 197 页。
③ 同上书，第 201—202 页。
④ 同上书，第 203—204 页。
⑤ 曾祥芹、韩雪屏：《阅读学原理》，大象出版社 2002 年版，第 161 页。
⑥ 同上书，第 166 页。
⑦ 同上书，第 175 页。
⑧ 曾祥芹、韩雪屏：《阅读学原理》，大象出版社 2002 年版，第 187 页。

未终止，而是进入暂时潜伏和待机复活状态。这种与"阅读前的准备"相照应的"阅读后续过程"称为阅读的"储用过程"，它包含对阅读所得知识、信息的储备和活用两种情况。①

二　移动阅读行为理论框架

纵观国内外信息行为理论和阅读学理论，信息行为理论关注的是从用户信息需求的产生到信息获取、信息利用、信息交流等的全过程，目的在于为不断改进信息服务提供理论依据。阅读学理论研究则侧重于阅读理解（即阅读利用）过程的研究，目的在于解释阅读理解的原理以便通过阅读教学指导等活动来帮助提高人的阅读理解能力。本研究的目的是研究移动互联网用户的阅读行为特征，以便为做好各类移动阅读服务提供理论指导，除了要研究移动阅读利用行为之外，还需要研究移动阅读需求、移动阅读寻求、移动阅读交流等行为。为此，笔者以信息行为理论为依据，结合阅读学理论，拟出移动互联网阅读行为综合性框架（如图 3 - 2）。移动互联网用户阅读行为主要包括移动阅读需求认识与表达、移动阅读寻求、移动阅读利用、移动阅读交流等行为。

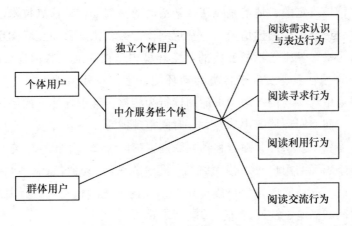

图 3 - 2　移动互联网用户阅读行为框架

---

①　曾祥芹：《阅读学新论》，语文出版社 1999 年版，第 199 页。

需要注意的是，与一般信息行为、阅读行为相比，移动互联网用户阅读行为具有以下一些特点。

（一）受移动互联信息技术发展的影响大

移动阅读是基于现代移动信息技术的阅读行为，移动信息技术的发展演变对移动阅读行为的影响较大。移动通信网络技术从 2G 发展到 3G、4G，移动用户的阅读内容从以文本为主逐渐扩展到以音频、视频等多媒体为主，移动终端从普通功能手机发展到智能手机、平板电脑、其他新型移动终端，移动用户的阅读工具会越来越多元，内容表现力越来越强，用户的阅读行为也会越来越复杂。

（二）受时间空间环境的影响大

信息行为理论与阅读理论都重视阅读环境对阅读行为的影响。德尔文的"意义建构"理论认为用户的信息行为会随着其所处情境而改变，情境是指意义建构时的时空环境。曾祥芹先生认为阅读活动是"读者—读物—环境"三者相互作用的关系网，[①] 阅读环境泛指为"影响读者阅读的所有外界力量的总和，它由整个周围事物构成，是一个立体的多层级的子系统"[①]。从个体信息行为角度看，情境认知理论认为个体心理常常产生于构成、指导和支持认知过程的环境之中，认知过程的本质是由情境决定的，情境是一切认知活动的基础。移动信息技术创造更广阔的、更分散的阅读情境。与常规阅读行为相比，移动互联网用户的阅读行为常常发生于不断变换的时空环境中。在移动互联网发展初期，移动阅读行为主要发生于各类移动环境，比如户外运动中、交通过程中、旅途中等。与固定环境下的阅读行为相比，移动环境下的用户阅读行为受时间空间环境的影响较大。时间呈现即时性、碎片性，空间呈现多元、易变、复杂性。随着移动互联网宽带的升级、智能移动终端的普及，越来越多的用户使用移动终端、通过无线/移动通信网络接入、利用互联网，移动阅读行为也逐渐延伸到室内环境，包括室内碎片时间、休闲时间和厕所、沙发、床上等空间位置。

---

① 曾祥芹、韩雪屏：《阅读学原理》，大象出版社 2002 年版，第 53 页。

第四节 移动阅读的影响因素

影响移动阅读的因素可以分为外部因素和内部因素两个方面。

外部因素指移动阅读行为的外部环境，包括社会环境、信息技术环境、组织环境（服务机构、虚拟服务社区）、移动环境（时间、地点、具体活动情境）等。社会环境和信息技术环境是宏观层面的影响因素，技术进步和社会经济节奏的加快，催生了移动阅读，移动阅读是社会环境和信息技术环境演变的产物，也必将随社会环境和信息技术环境的变化而变化。而在微观层面，影响用户进行移动阅读的因素则包括组织环境和用户所处的移动环境。组织环境指移动阅读服务机构、虚拟服务社区等，用户在进行移动阅读之前，需要选择移动阅读服务，服务机构的品牌和服务等都会影响用户的选择。而在具体的移动阅读开始之时，用户所处的移动阅读环境（见表3-1）也会对用户的移动阅读产生影响。值得注意的是：（1）移动环境下的阅读与固定环境下的阅读有个很明显的区别，在固定阅读环境下，如家里书房/桌、办公室/桌、教室、会议室/会场、图书馆、网吧等，阅读是用户的第一行为，而移动环境下人的阅读行为往往并非人的第一行为；（2）用户在固定环境下也会有一些利用移动阅读服务的行为，比如睡觉前、如厕时、会议和听课/讲座间隙等，我们将这些时空也纳入移动阅读环境。

表3-1   **移动阅读的环境（部分）**

移动环境类型	具体阅读环境
日常出入（家、办公室）	上下班途中、因公外出 （候车、乘车、等候电梯、乘坐电梯等）
出差途中	等候乘坐汽车、火车、飞机
旅游	交通途中、旅游休息时
排队等候	排队购物、购票、挂号等
在外等人	在车站、商场等场所等人
睡觉前	被窝
上厕所	马桶上

续表

移动环境类型	具体阅读环境
会议、课程、讲座中	休息时间
其他活动临时休息	运动、社交、购物、游览、娱乐等活动中休息时间

移动阅读过程的每一个组成要素、每一个行为环节都是不可忽视的影响因素，影响移动阅读的内部因素指移动阅读的主体、客体和本体，包括用户特征、用户阅读需求、用户的经济购买力、联网技术、移动终端、读物内容、用户的阅读能力、用户的传统阅读习惯等。

用户特征是指用户的年龄、性别、学历、职业等人口统计特征，以及群体用户的相应特征。肖韵等[①]对大学生的调查分析发现用户学历与移动阅读首次接触途径、使用频率、付费经验、付费意愿以及付费内容之间存在显著相关性；Zhang Li Yi[②]也研究了用户的学历与移动阅读行为之间的关系。

用户阅读需求则包括阅读动机与需求内容、类型等，高春玲等[③]对移动环境下大学生的阅读需求以及阅读行为进行个体特征的差异分析，发现不同性别、年龄段、身份特征以及文化程度的用户在移动阅读目的、阅读内容、阅读方式等方面存在显著的差异。

经济购买力是指用户购买移动阅读服务的经济条件，Jung J[④]研究发现电子阅读器的使用与年龄、教育、收入、对印刷文献的需求、电子设备的拥有情况等相关。

联网技术是指用户的手机等移动终端所使用的无线、移动连接方式及网速带宽等；移动终端包括终端类型、配置、功能（界面显示、终

① 肖韵、韩莹：《用户学历与利用移动阅读服务关联分析——以中国大学生为例》，《科技情报开发与经济》2011 年第 5 期。

② Zhang Li Yi. etc. , "Correlation Analysis between Users Educational Level and Mobile Reading Behavior", *Library Hi Tech*, Vol. 29, No. 3, 2011.

③ 高春玲、卢小君、郑永宝：《基于个体特征的用户移动阅读行为的差异分析》，《图书情报工作》2013 年第 9 期。

④ Jung J, Chan–Olmsted S, Park B, et al. , "Factors Affecting E–book Reader Awareness, Interest, and Intention to Use", *New Media & Society*, Vol. 14, No. 2, 2012.

端处理、输入/输出等能力）、阅读软件等，D. T. Clark 等[①]研究发现
Kindle 阅读器的分辨率和黑白颜色限制了学术文章中图表的阅读，自然
科学类文章的读者尤其感到局限，大部分用户认为比起学术性文章，
Kindle 阅读器更适合看小说；M. C. Pattuelli 等[②]调查了普拉特图书情报
学院学生使用 Kindle 2 的情况，发现电子书阅读器的携带方便性和简单
应用性增强了学生的阅读体验，用户更熟悉手机、iPad 等移动设备的
交互与功能；Lai Jung - yu 等[③]研究发现电子阅读器的便捷性、兼容性
和信息丰富度对学生的使用均有影响；Woody 等认为人们在阅读时对着
屏幕比对着纸质载体更容易产生疲劳感；[④] Liu Ziming[⑤] 研究发现用户在
电子阅读设备上更习惯于浏览、关键定位、一次性阅读、非线性阅读和
选择性阅读，较少地进行深入、集中精神和持续性的阅读。Rockinson-
Szapkiw A J[⑥] 研究发现平板电脑、电脑与印刷文献在学生阅读上的效果
相当，而平板电脑所具有的便携性、注释等功能使其克服了电脑在电子
文献阅读方面的不足。Sung E[⑦] 研究发现美国学生认为台式机更快速、
准确、逼真，而韩国学生则认为移动设备更开放，更有吸引力，更令人
兴奋，更刺激阅读。

---

① Clark D T, Goodwin S P, Samuelson T, et al., "A Qualitative Assessment of the Kindle E - book Reader: Results from Initial Focus Groups", *Performance Measurement and Metrics*, Vol. 9, No. 2, 2008.

② Pattuelli M C, Rabina D., "Forms, Effects, Function: LIS Students'attitudes Towards Portable E - book readers", *New Information Perspectives*, Vol. 62, No. 3, 2010.

③ Lai Jung - yu, Chang Chich - yen, "User attitudes toward dedicated e - book readers for reading: The effects of convenience, compatibility and media richness", *Online Information Review*, Vol. 35, No. 4, 2011.

④ Woody WD, Daniel DB, Baker CA., "E - books or Textbooks: Students Prefer Textbooks", *Computers and Education*, Vol. 55, No. 3, 2010.

⑤ Liu Ziming, "Reading Behavior in the Digital Environment: Changes in Reading Behavior over the Past Ten Years", *Journal of Documentation*, Vol. 61, No. 6, 2005.

⑥ Rockinson - Szapkiw A J, Courduff J, Carter K, et al., "Electronic Versus Traditional Print Textbooks: A Comparison Study on the Influence of University Students' Learning ", *Computers & Education*, Vol. 63, No. 11, 2012.

⑦ Sung E, Mayer R E., "Students' Beliefs about Mobile Devices Versus Personal Computers in South Korea and the United States", *Computers & Education*, Vol. 59, No. 4, 2012.

读物内容是指获得的移动阅读内容，Darroch 等[1]认为，文本的可读性和易读性是影响用户的阅读绩效及其对移动媒体的满意度的两大主要指标。Björn Hedin 和 Erik Lindgren[2] 通过实验比较了传统滚动方式与快速序列视觉呈现对手机阅读的影响。

阅读能力是指用户利用读物内容的综合能力，传统阅读习惯则是指用户阅读传统纸质文献所形成的一系列行为习惯。G. Kathrin 等[3]通过对比实验研究发现，用户的个人偏好和阅读习惯决定了他们对阅读设备的选择和阅读速度，阅读内容对阅读的速度也有较大影响。

第五节　移动阅读的类型

对移动阅读的细分，可以从读物和阅读行为两方面进行。

（一）根据读物的不同进行分类

1. 以读物载体即移动终端为划分标准，目前移动阅读终端包括手机（普通手机、智能手机）、平板电脑、电子阅读器、PDA、MP4/MP5、电子词典等，可以将移动阅读分为手机阅读、平板电脑阅读、电子阅读器阅读、PDA 等其他移动阅读。

2. 以读物中的信息符号为划分标准，可以将移动阅读分为纯文本阅读和多媒体阅读（集文本、音、图、视为一体）。

3. 以读物内容形态为划分标准，可以将移动阅读分为手机报、小说、杂志、网页、音乐、影视、动漫、图书等阅读。

4. 以读物内容专业属性为划分标准，可以将移动阅读分为手机新闻、文学、体育、气象、娱乐、生活时尚、金融财经等阅读。

5. 以读物内容篇幅为划分标准，可以将移动阅读分为长篇阅读、短篇阅读。

---

① Darroch I, Goodman J, Brewster S.，"The effect of age and font size on reading text on handheld computers"，*Lecture Notes in Computer Science*，No. 35，2005.

② Björn H, Erik L.，"comparison of presentation methods for reading on mobile phones"，*IEEE Distributed Systems Online*，Vol. 8，No. 6，2007.

③ Kathrin G, Yevgeniya K, Diana M, et al.，"Reading in 2110—reading behavior and reading devices：A case study"，*Electronic Library*，2011.

（二）根据移动阅读行为的不同进行分类

1. 以移动读物寻求的技术实现为划分标准，可以将移动阅读分为短信息阅读、多媒体信息（彩信）阅读、浏览器阅读、客户端软件阅读等。

2. 以移动读物寻求的网络连接状态为划分标准，可以将移动阅读分为在线阅读和下载（离线）阅读。

3. 以移动阅读方式为划分标准，可以将移动阅读分为快速浏览和精心细读。

第六节 移动阅读的特征

与纸质阅读、网络阅读比较，移动阅读具有以下特点。

1. 从时空环境看，移动阅读突破了时空局限，人们可以随时随地进行阅读。移动阅读以手机等移动终端为载体，读物可以随身携带，并可以通过无线（移动）通信技术和在线支付即时获取阅读内容，从而实现了随时随地的阅读。这在阅读史上是一次革命，给用户带来了前所未有的方便，是移动阅读的首要特点。

2. 在阅读内容上，移动阅读主要以各类新闻、金融财经实时信息、体育实时赛况、其他动态资讯等时间敏感性阅读内容和与读者所处地理位置相关的信息为主。与纸质阅读、网络阅读比较，非严肃性内容居多，很多属于文学娱乐等消遣性的内容。内容篇幅更倾向于短小精悍的微型阅读。

3. 在阅读方式上，主要表现为快餐式阅读。由于用户身处移动环境，时间短，干扰因素多，无法静心阅读，阅读节奏较快，快餐式、浏览式、随意性、跳跃性、碎片化的阅读特征突出。

4. 呈现个性化阅读特点。移动阅读终端对应的是一个个的用户，尤其是手机，具有较强的私人属性，一人一部手机，不会出现多人共用的现象。因此，移动阅读能充分满足人们个性化的阅读需求，个性化阅读特征非常明显。

5. 对于大部分读者来说，移动阅读大都为临时性阅读、浅阅读，并不能代替专门阅读、深度阅读，属于辅助性阅读。

6. 缺点也很明显。手机作为阅读载体，缺点是屏幕小，操作不够方便，长时间阅读容易造成视觉疲劳，其阅读舒适度远不如传统阅读和网络阅读。电子阅读器在这些方面有所改进，但目前普及程度还远远不如手机。

第七节　移动阅读的意义

移动阅读是传统阅读向新的阅读模式转型的成果之一，既是对数字阅读、网络阅读的延伸与革新，又与网络阅读、数字阅读共同构建新的阅读文化。

（一）对用户的意义

对于广大用户来说，移动阅读满足了人们在移动环境下的阅读需求，是传统移动阅读在新的技术条件下的发展。现代人生活节奏越来越快，用于阅读的时间少，通过手机等移动终端人们可以充分利用空余时间进行阅读；移动阅读使人们拥有了可以随身携带的"图书馆"和"阅览室"，既方便携带又信息丰富，不仅达到了休闲娱乐的效果，而且可以利用零星时间充实自我。

另外，移动阅读在满足人们移动信息需求的同时，将会激发、促进人们的移动阅读行为，形成新的阅读行为习惯。随着数字信息技术的融合与发展，手机等移动终端逐步成为多功能信息媒介，阅读等信息接收与利用行为或许将会更多地基于快捷便利的移动信息平台实现。

（二）对服务者的意义

移动阅读的兴起与普及将带动移动阅读服务的崛起，促进相关产业的发展、繁荣。用户对移动阅读的需求是移动阅读服务的驱动力，一个充满魅力的移动阅读服务大市场正在形成，吸引着众多传统的、新兴的信息服务机构投身移动阅读服务行业。目前，我国移动阅读服务已经成为数字出版产业的重要组成部分，包括电信运营商（中国移动、电信、联通）、互联网服务商（腾讯、百度、新浪、盛大等）、移动互联网服务商（掌阅、3G门户等）、传统出版机构（报刊社、出版社）、图书馆等各类信息服务机构都在纷纷进入移动阅读服务领域，并且取得了斐然成绩。

第四章　移动阅读需求

　　本章拟在分析移动阅读需求理论模型的基础上，以农民和大学生为例，对移动互联网用户的阅读需求进行实证分析。

第一节　移动阅读需求理论模型

　　心理学研究表明人的行为与动机相关。人的行为是由动机引起和支配的，动机则是由需求引起的。动机是指满足需求而进行活动的念头或想法，或者说是被意识到的活动或行为的诱因。需求是行为的基础，行为是满足需求的一系列连续活动。

　　行为心理学将需求定义为"人们对某种客观事物或某种目标的渴求与欲望"，需求是主体的"内在条件"对某种对象事物的缺乏。[①]"问题或主题的知识"与"必须解决问题所需要的知识"两者之间所产生的不足就是用户的信息需求，[②]是人们为解决各种问题而产生的对信息的必要感和不满足感，是人的总需求的一部分。[③]信息需求是所有信息行为的起点，无论是个体用户信息行为，还是群体用户信息行为，信息需求认识与表达行为是信息查寻行为、信息利用行为、信息交互行为、信息发布行为、信息创造行为等各种信息行为的出发点。只有用户认识到并表达出自己的信息需求，才能诱发信息行为动机，并引起人的

---

　　① 孙继先、郑晓辉：《需求社会论》，高等教育出版社 2004 年版。

　　② Kuhlthau, Carol C., "Inside the Search Process: Information Seeking from the User's Perspective", *Journal of the American Society for Information Science*, Vol. 42, No. 5, 1991.

　　③ 丁宇：《网络信息用户需求的特点与利用特征及规律浅析》，《情报理论与实践》2003年第 5 期。

信息行为。

Kochen 曾将信息需求状态划分为"客观状态"、"认识状态"、"表达状态"三个层次。[①] 1968 年 Taylor 提出了著名的问题磋商模式，描述了用户需求形成的四个阶段[②]：（1）内藏的需求（Visceral Need），这是一种真实的但无法表达出来的信息需求；（2）认识到的需求（Conscious Need），用户可以察觉出来，但是概念仍很模糊，对问题的界定与陈述也不清楚；（3）表达出来的需求（Formalized Need），用户对问题有具体的陈述；（4）折中的需求（Compromised Need），基于信息系统的限制，将检索提问加以修正，以便与系统中的信息进行匹配。而用户通常在第三、第四阶段才来向信息服务系统求助，信息服务者的责任便是通过会谈、交流、磋商等方式找出用户表达出来的需求、认识到的需求，甚至内藏的需求，提供有针对性的服务。问题磋商理论从用户的角度出发，描述了服务者与用户通过在认知层面上的交互，逐步了解和掌握用户信息需求的内在逻辑过程。

Belkin 在 1980 年提出知识非常态理论。[③] Belkin 认为，用户之所以产生信息需求，是因为他们意识到了自己的知识非常态。Belkin 将这种问题状况中人的知识状态称作"知识非常态"（Anomalous State of Knowledge – ASK），是知识结构的一种需求状态。他认为"需求代表着一种异常或不充分的知识结构状态，具有信息需求即具有异常知识状态"。知识非常态由用户所要解决的问题而引发，用户希望通过不断地向系统提问、获取检索结果来描述、理解和帮助解决知识非常态。而信息系统中的文本信息是服务者（系统设计者与开发者、文本处理者等）依据自己的知识结构与经验水平经过认知处理而形成，因此，用户从信息系统获取信息解决知识非常态的过程实质上是用户与服务者在认知层面上不断交互的过程。

---

① 胡昌平：《现代信息管理机制研究》，武汉大学出版社 2004 年版，第 102 页。

② Taylor R S.，"Question—negotiation and information seeking in libraries"，*College and Research Libraries*，Vol. 29，1968.

③ Belkin，N J.，"Anomalous states of knowledge as a basis for information retrieval"，*The Canadian Journal of Information Science*，No. 5，1980.

Wilson 在 1981 年提出的信息查寻行为模型①提出信息需求不是最根本的需求，而是源于更为基础性的需求，即生理、认知和感情三方面的需求，其中每一种需求又处在不同的背景（Context）之中，即个人、社会角色以及环境的背景之下。Wilson 意识到信息寻求行为是用户"信息需求"的结果，"需求"是用户信息行为的逻辑起点。

根据上述信息需求理论，移动互联网用户阅读需求（简称移动阅读需求）是人们为解决问题而产生的对移动阅读的必要感和不满足感，它是移动互联网用户阅读行为的出发点和依据。其内涵主要包括人们对阅读内容和阅读服务的需求。

与常规阅读行为相比，移动互联网用户阅读需求有着自己的特点。根据 Derwin 的"意义建构"理论，用户的信息需求会随着所处情境（situation）而改变，情境是指意义建构时的时空环境。在阅读内容需求方面，由于移动互联网用户的阅读行为很多发生在移动环境中，与固定环境相比，移动环境下用户所处的时间和空间都发生变化，并且总是跨越不同地点、跨越不同情境。因此，移动环境下用户的阅读需求也因为时间、空间的变化而呈现新的特点。根据时间与空间的影响，移动环境下用户的阅读内容需求可以分为与时间相关的阅读内容需求和与空间相关的阅读内容需求。用户在移动环境下阅读活动的时间特点有"临时"、"实时"、"片段闲暇时间"或"无聊时"等时间状态，相应的信息需求都是与这些时间特点密切相关的，可以归为节省时间和消磨时间两类需求，统称为即时性阅读需求。临时性的阅读需求是指用户在移动过程中受到某种启发或激发而临时生成的对移动阅读的需求，比如应急阅读处理办公、商务等信息、查询各种知识等。实时性的阅读需求是指用户在移动过程中对时效性强的信息与知识的需求，比如新闻动态、金融行情、社区信息即时交流等。"片段闲暇时间"或"无聊时"都是指用户在移动过程中有时间而无事可做时，这时候用户的需求大都是利用片段时间阅读了解专业信息，也可以浏览资讯、阅读文学，打发无聊。用户在移动环境下阅读行为的空间特点有本地性、目的地性，因此，相应的

---

① Wilson. T. D., "On User Studies and Information Needs", *Journal of Documentation*, No. 1, 1981.

阅读内容需求也都是与地理位置相关的，比如查阅地理信息、交通路线、与本地相关的信息阅读、与目的地相关的信息阅读等。不管是时间相关性阅读内容需求，还是空间相关性阅读内容需求，它们都可以从不同加工层次、载体形式、出版形式、篇幅、广告形式等方面作进一步细分。

移动互联网用户的阅读需求除了阅读内容需求之外，还包括用户对相应阅读服务系统与服务方式的需求。用户对移动信息技术与系统的需求主要包括对移动网络、移动终端和应用软件的需求，移动网络包括无线网络（如 WLAN）、2G、3G、4G 等移动通信网络，移动终端包括手机、电子阅读器、MP3/MP4、PDA、PSP、iPad 等其他移动终端，应用软件包括短信息、WAP、WEB 浏览器或者客户端软件等，用户可以根据自己的意愿与需求从中选择相应的信息技术与系统。用户对移动阅读服务方式的需求是指用户对内容导航、智能检索、个性化服务、互动性服务、协同服务等服务方式的需求。

综上所述，移动互联网用户的阅读需求包括对阅读内容的需求和对阅读服务的需求。表 4-1 归纳了移动互联网用户阅读需求的主要内涵。

表 4-1 　　　　　　　　　　　　**移动阅读需求的框架**

移动阅读需求类型		移动阅读需求的表现
移动阅读内容需求	内容属性 · 时间相关性需求	实时新闻资讯、即时休闲娱乐内容、实时生活资讯、临时学习性内容、实时专业工作或研究动态、实时社交信息等
	内容属性 · 空间相关性需求	地理知识、交通信息、与地理位置相关的其他知识
	内容形式	不同加工层次的移动阅读内容（目录、摘要、综述等） 不同载体形式的移动阅读内容（文本、图片、音频、视频、动画等） 不同出版形式的移动阅读内容（图书、报纸、杂志、网页、音乐、电影或电视等，文本排版与翻页） 不同篇幅的移动阅读内容中的广告
移动阅读服务需求	服务技术与系统需求	对无线/移动通信网络的需求，对手机、电子阅读器、平板电脑等移动终端的需求，对短信息、多媒体信息（彩信）、WAP 或者客户端等软件的需求
	服务方式需求	内容导航、智能检索、个性化推送、社区服务、收费与否、协同服务等

第二节　移动阅读需求实证分析

在移动互联网的用户中，农民和大学生是两种特色较鲜明的用户群体。农民属于信息弱势群体，移动信息服务有望帮助他们缩小信息差距；大学生则是各种新信息技术的拥趸，比较乐意尝试各类新型信息服务。本研究以农民和大学生两类群体为例，对其移动阅读需求进行实证分析。

一　农民移动阅读需求实证分析

对于农民而言，手机作为互联网终端的优势更加明显。与电脑相比，手机便携性好，适合农民流动作业，还具有操作简单、费用低等优点。中国互联网络信息中心发布的第 33 次《中国互联网络发展状况统计报告》[1] 和《2012 年中国农村互联网发展状况调查报告》[2] 显示，中国网民中农村人口占比为 28.6%，规模达 1.77 亿，农村网民中手机上网的比例达 75.3%，农村手机网民规模增速快于城镇手机网民，也快于农村网民整体增长速度。新浪科技在湖北农村的调查显示，[3] 农村网民上网的首要工具是手机，而不是固网宽带；农村网民使用手机上网的使用率远高于城镇居民使用手机上网的使用率。可见，手机已成为农民利用互联网的第一终端。目前国内学术界对农民移动信息行为的研究主要集中在农民接受移动信息服务行为的影响因素等领域，何德华等[4]研究了农村用户采纳移动信息服务的影响因素；吴先锋等[5]分析了农村移

① 《第 33 次中国互联网络发展状况统计报告》（http：//www.cnnic.cn/hlwfzyj/hlwxzbg/hlwtjbg/201403/P020140305346585959798.pdf）。

② 《2012 年中国农村互联网发展状况调查报告》 （http：//www.cnnic.cn/hlwfzyj/hl-wxzbg/ncbg/201311/P020131127389304711108.pdf）。

③ 《中移动湖北农村调查：手机成农民上网首要终端》（http：//tech.sina.com.cn/t/3g/2012 - 07 - 09/00447362578.shtml）。

④ 何德华、鲁耀斌：《农村居民接受移动信息服务行为的实证分析》，《中国农村经济》2009 年第 1 期。

⑤ 吴先锋、唐茜：《农村移动信息服务消费者接受行为研究》，《图书与情报》2010 年第 3 期。

动信息服务消费者接受行为的影响因素；李浩君等①探讨了移动学习在农村应用与发展的影响因素；陆敏玲②③研究了驱动农村用户采纳和持续使用移动信息服务的主要因素；冯笑笑等④调查了移动服务在浙江省农村地区的使用情况。关于农民移动阅读的研究，中国新闻出版研究院公布的"第八次全国国民阅读调查"报告曾指出在利用手机阅读电子出版物或浏览网页的读者人群中52%是农民。总体看来，目前我国学术界缺乏对农民移动阅读需求与行为的理论与实证研究。本研究拟以江苏省为例，对农民的移动阅读需求进行调查分析。

（一）研究方法

本研究以问卷调查法为主，通过实地发放调查问卷征集样本数据。

按照表4-1所示的理论框架，结合农民的生产与生活特点，设计调查问卷初稿，然后在南京市江宁区进行小规模试调查，根据调查反馈意见以及咨询相关专家的建议修改后形成正式调查问卷（详见附录一）。调查问卷的 Cronbach's α 系数值为0.936，具有较高的信度。

本次研究的调查对象定位于以农业生产为业的江苏省内农民，不包括中小学师生、基层干部等其他农村居民。为了提高调查抽样的代表性，2013年9月至11月，笔者先后深入苏南地区的南京江宁区，苏州太仓市，苏中地区的南通如皋市、扬州江都区，苏北地区的盐城大丰市以及建湖县等地区多个村镇，就农民移动阅读需求问题进行了问卷与访谈抽样调查，调查对象包括普通农户、种养大户、农业合作组织职员、农业企业员工等多种类型。共发放了500份问卷，回收425份，回收率为85%。排除重复填写、错误填写与恶意填写等不合格问卷，剩余有效问卷301份，有效回收率为70.82%。利用 Excel 和 SPSS 软件对问卷数据进行统计分析。调查对象的统计数据如表4-2所示，主要集中在

---

① 李浩君等：《适应新农村建设需求的移动学习应用模式及影响因素研究》，《中国远程教育》2010年第12期。

② 陆敏玲：《移动信息服务在农村地区初始采纳的实证研究》，《安徽农业科学》2012年第26期。

③ 陆敏玲：《影响农民持续使用移动信息服务平台的因素研究》，《价值工程》2012年第11期。

④ 冯笑笑等：《浙江省农村地区移动服务使用情况调研》，《网络财富》2010年第23期。

40—49 岁，其次是 50 岁以上；男性比例要高于女性；学历以高中/中专为主，其次是初中、大专，身份以普通农民为主；再次是农业合作组织职员、种养大户、农业企业员工，调查对象的月收入水平为 1001—2000 元的较多。由于大量年轻劳动力已经流向非农产业，目前农业从业人员以中老年农民为主，根据江苏省农业委员会和江苏省统计局的数据，全省农民人均纯收入分别为 10805 元/年①和 12202 元/年。② 由此可见，本次调查样本基本符合目前江苏省农民的分布现状。

表 4－2 　　　　　　　　　　　调查样本数据统计

人口特征	选项	人数（人）	百分比（%）
年龄	20—29 岁	21	7.00
	30—39 岁	55	18.30
	40—49 岁	145	48.20
	50 岁以上	80	26.50
性别	男	209	69.40
	女	92	30.60
学历	小学	18	6.00
	初中	84	27.90
	高中/中专	110	36.50
	大专	61	20.30
	本科及以上	28	9.30
身份	普通农民	117	38.90
	种养大户	46	15.30
	农业合作组织职员	92	30.60
	农业企业员工	46	15.20

---

① 《2011 年江苏省及各市农民人均纯收入情况》（http：//www.jsagri.gov.cn/statfile/files/550464.asp）。

② 《2012 江苏农民人均纯收入 12202 元比上年增长 12.9%》（http：//jiangsu.china.com.cn/html/finance/finances/46770_1.html）。

续表

人口特征	选项	人数（人）	百分比（%）
月收入	1000 元/月以下	52	17.30
	1001—2000 元/月	100	33.20
	2001—3000 元/月	85	28.20
	3001—4000 元/月	38	12.60
	4001—5000 元/月	14	4.70
	5000 元/月以上	12	4.00
现有移动设备	普通手机	154	51.16
	智能手机	166	55.15
	平板电脑	65	21.59
	电子书阅读器	5	1.66
	PSP 游戏机	4	1.33
	MP3/MP4/MP5	8	2.66
	其他	2	0.66

（二）数据与分析

1. 总体需求情况

在 301 份有效问卷中，明确表示需要移动阅读的农民有 226 人，占 75.1%，不需要移动阅读的农民有 75 人，占 24.9%，这一统计结果显示农民的移动阅读需求是客观存在的（见图 4-1）。对明确没有移动阅读需求的 75 人的调查统计数据显示，他们不需要移动阅读服务的主要原因是"没有必要，因为我可以很方便使用电脑上网"，其次是"不了解移动阅读"、"眼睛容易累，不习惯手机阅读"和"担心移动通信费"，另有部分农民觉得"移动终端操作不方便"，此外，"没有移动终端"和"不识字"、"移动或无线网速较慢"也是他们不需要移动阅读需求的原因。

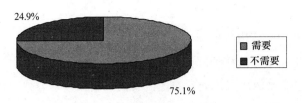

24.9%

75.1%

需要
不需要

图4-1　农民移动阅读需求度

根据调查对象的人口特征对表示需要移动阅读的农民的调查数据进行交叉统计，卡方检验发现农民对移动阅读的需求受其文化水平和身份的影响。农民的学历越高，对移动阅读需求比例越高，不同身份农民移动阅读的需求度大小为：农业企业员工＞农业合作组织职员＞种养大户＞普通农民。

2. 需要移动阅读的目的

如图4-2所示，农民需要移动阅读的目的依次是即时了解新闻资讯（占83.19%）、即时了解农业科技动态（占73.45%）、即时了解农业市场动态（占57.52%）、应急查阅/处理农业生产与经营信息（占32.30%）、利用零星时间阅读学习（占26.55%）、查阅与地理位置相关的信息（占19.47%）、休闲娱乐打发无聊（占17.26%）、赶时髦（占4.42%）。其中，即时了解新闻资讯、即时了解农业科技动态和即时了解农业市场动态的选择比例均超过50%，说明这三项是农民需要移动阅读的主要目的。

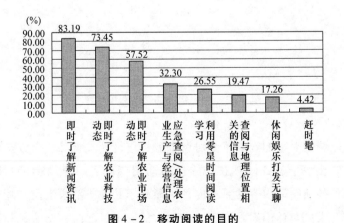

图4-2　移动阅读的目的

3. 对移动阅读内容的需求

（1）不同属性的移动阅读内容

按照选择比例从高到低，农民需要的移动阅读内容依次是实时新闻资讯（占 80.09%）、农业政策信息（占 73.89%）、农业科技信息（占 73.01%）、农产品市场与流通信息（占 62.39%）、农村基层管理信息（占 53.10%）、实用生活资讯（占 36.28%）、农产品质量追溯信息（占 20.80%）、休闲娱乐内容（占 20.35%）、与地理位置相关的信息（占 14.16%）、实时社交信息（占 11.06%）。其中，实时新闻资讯、农业政策信息、农业科技信息、农产品市场与流通信息、农村基层管理信息的选择比例均超过 50%，说明这五项是农民最需要的移动阅读内容（见图 4-3）。

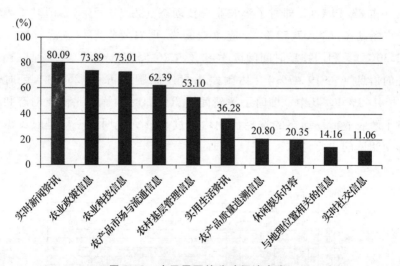

图 4-3 农民需要的移动阅读内容

根据调查对象的人口特征对调查数据进行交叉统计，卡方检验发现年龄、文化水平、身份对农民选择移动阅读内容有显著影响。20—29岁的农民各项阅读内容的需求度都明显高于其他年龄段农民，随着年龄的增长，农民对休闲娱乐信息、实用生活资讯、实时社交信息和地理位置相关信息的需求度逐渐降低。农民对于农村基层管理信息、实时社交信息、地理位置相关信息的需求度随着文化水平的提高而增加。农村合作组织成员和农业企业员工对各类移动阅读的需求度要略大于普通农民和种养大户。

（2）不同加工形式的移动阅读内容

对不同加工形式的移动阅读内容的需求数据统计发现（见图4-4），农民需要的移动阅读内容加工形式依次是全文/原文（占58.85%）、摘要（占51.77%）、综述/专题缩编（占34.51%）、目录/题录（占21.68%）。其中，全文/原文、摘要的选择比例均超过50%，说明这两项是农民最需要的移动阅读内容加工形式。

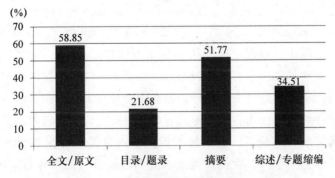

图4-4 农民需要的移动阅读内容加工形式

（3）不同载体形式的移动阅读内容

统计数据显示（见图4-5），农民需要的移动阅读内容载体形式依次是文本＋图片（占56.19%）、文本（占55.75%）、视频（占46.46%）、图片（占39.38%）、音频（占17.70%）、动画（占9.73%）、漫画（占4.42%）。其中，文本＋图片、文本的选择比例均超过50%，说明这两项是农民最需要的移动阅读内容载体形式。

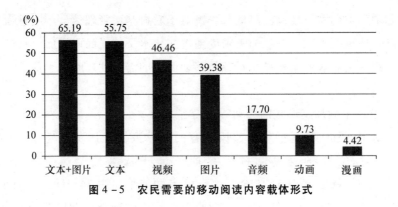

图4-5　农民需要的移动阅读内容载体形式

（4）不同出版形式的移动阅读内容

按照需求程度从高到低，农民需要的移动阅读内容出版形式依次是报纸（占62.83%）、网页（占54.42%）、杂志（占39.38%）、电影/电视（占33.63%）、图书（占29.65%）、电台/音乐歌曲（占11.06%）。其中，报纸、网页的选择比例均超过50%，说明这两项是农民最需要的移动阅读内容出版形式（见图4-6）。根据调查对象的人口特征对调查数据进行交叉统计，卡方检验发现文化水平和收入水平对于农民选择移动阅读内容出版形式有显著影响。低学历者对阅读内容出版形式的需求相对较低，但对报纸形式的内容需求与高学历者基本一致；随着学历的上升，农民对网页、图书出版形式的内容需求度增加。高收入者对网页形式的阅读内容需求度相对更大。

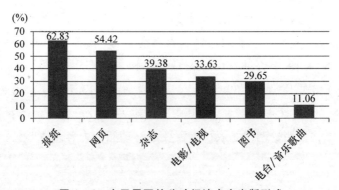

图4-6　农民需要的移动阅读内容出版形式

对于报纸、网页、杂志、图书等文本出版形式，农民用户是否希望自己可以定义阅读内容的排版与翻页方式呢？统计数据显示（见图4－7），希望可以重新定义阅读内容排版和翻页方式的农民占75.66%，不需要的农民占24.34%，说明大部分农民有自定义阅读内容排版与翻页方式的需要。根据调查对象的人口特征对调查数据进行交叉统计，卡方检验发现性别、文化水平、身份对移动阅读内容的自定义需求选择有显著影响。男性农民对于移动阅读内容排版和翻页方式的自定义需求要明显高于女性，学历越高的农民对自定义的需求越高，种养大户、农村合作组织职员和农业企业员工对自定义需求明显高于普通农民。

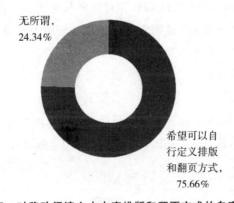

图4－7　对移动阅读文本内容排版和翻页方式的自定义需求

对希望可以自定义排版与翻页方式的农民的进一步调查发现，农民希望可以自定义的细节依次是字体（占47.37%）、横竖排（占46.78%）、翻页方式（占34.50%）、字号（占32.75%）、色彩（占28.65%）、背景（占21.64%）、亮度（占21.05%）、有无图（占15.20%）、闪动（占5.26%）（见图4－8）。

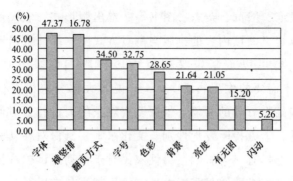

图4-8 希望可以自行定义的排版和翻页方式

（5）不同篇幅的移动阅读内容

统计数据显示（见图4-9），喜欢短篇幅阅读内容的农民占75.22%，喜欢阅读长篇内容的农民占11.06%，对篇幅长短无所谓的占13.72%，选择微阅读的农民占比最大，说明农民比较偏向于微型阅读。根据调查对象的人口特征对调查数据进行交叉统计，卡方检验发现文化水平、身份对移动阅读内容篇幅的选择有显著影响。农民普遍喜欢短篇幅的内容，随着学历的增长，其微阅读倾向越明显；在少数喜欢长篇阅读的农民中，低学历者人数要多于高学历者。在喜欢微阅读的农民中，农业企业员工人数＞农村合作组织职员人数＞普通农民人数＞种养大户人数。

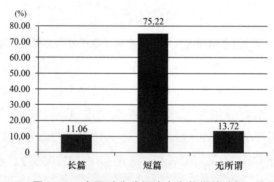

图4-9 农民对移动阅读内容篇幅的选择

从移动阅读时间的统计数据看（见图4-10），农民希望每篇或每单元移动阅读内容的阅读时间在1—10分钟的占71.68%，10分钟以上的比例较小，与前面的调查数据一致，说明农民偏向于短时间阅读。根据调查对象的人口特征对调查数据进行交叉统计，卡方检验发现年龄对于农民选择移动阅读时间有显著影响。选择在1—10分钟完成移动阅读的农民人数最多，其中年龄在20—49岁的人数相对较多。

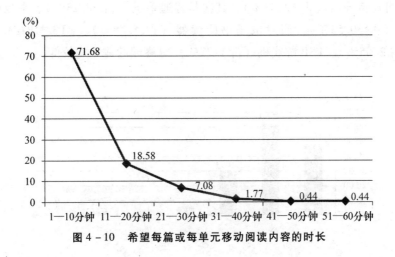

图4－10　希望每篇或每单元移动阅读内容的时长

（6）对移动阅读内容中广告的态度

图4－11的统计数据显示，农民对移动阅读内容中广告的态度是：非常反对占30.09%、比较反对占32.74%、一般反对占16.37%、不太反对占14.60%、完全不反对占6.19%。可以看出，大多数农民对移动阅读内容中的广告持反对态度。

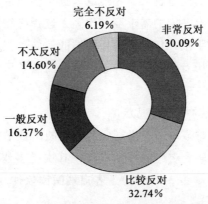

图4－11　对移动阅读内容中广告的态度

4. 对移动阅读服务的需求

（1）移动阅读终端

图 4 - 12 的数据统计显示，农民希望使用的移动阅读终端中，智能手机比例最高（占 62.83%），其次是普通手机（占 48.23%）、平板电脑（占 30.53%），而对电子书阅读器（占 5.75%）、MP3/MP4/MP5（占 2.65%）、PSP 游戏机（占 1.77%）等终端的需求均较低。

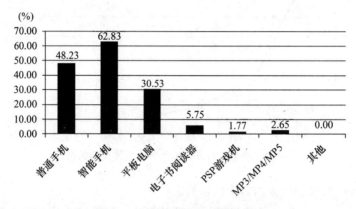

图 4 - 12　对移动阅读终端的需求

根据调查对象的人口特征对调查数据进行交叉统计，卡方检验发现农民的年龄及其文化水平对移动终端设备的选择有显著影响。年龄越轻的人选择智能手机的比重越大，年龄越大选择普通手机的比重越大；平板电脑在受访者中有一定的需求度，年轻人选择终端的偏向是智能手机 > 平板电脑 > 普通手机，年老者选择终端的偏向是普通手机 > 智能手机 > 平板电脑。低学历者偏向使用普通手机，而高学历者偏向使用智能手机和平板电脑。

（2）移动阅读的技术实现方式

图 4 - 13 的数据显示，农民需要的移动阅读技术实现方式中短信息（占 76.11%），是最受欢迎的技术方式，其次是多媒体信息/彩信（占 36.28%）、浏览器（占 34.96%）、客户端阅读软件（占 12.83%）。

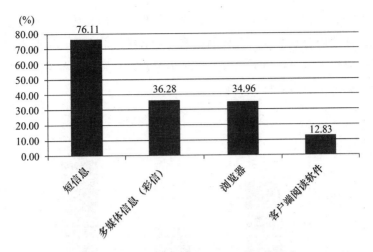

图 4 - 13 对移动阅读技术实现方式的需求

根据调查对象的人口特征对调查数据进行交叉统计，卡方检验发现农民的年龄、文化水平、身份、收入水平对其移动阅读服务技术实现方式的选择有显著影响。20—29 岁的农民对各项技术实现方式均有较高的需求，40 岁以上的农民对短信息有很高的需求度，50 岁以上的农民对多媒体信息、浏览器、客户端阅读软件几乎没有需求。随着学历的提高，农民对多媒体信息和浏览器的需求也在增加。在对多媒体信息、浏览器、客户端阅读软件的需求上，农业合作组织职员、农业企业员工高于种养大户和普通农民，普通农民需求比例最低。月收入在 1000 元以下的农民对短信息需求比例最大，而对其他技术实现方式需求较低；月收入在 1001—5000 元的农民对多媒体信息和浏览器也有显著的需求度；月收入在 5000 元以上的农民，短信息需求明显降低，其他技术实现方式的需求相对增加。

（3）移动阅读内容服务方式

数据统计显示（见图 4 - 14），希望自己能通过内容导航、检索系统查询订阅移动阅读内容的农民占 36.28%，希望移动阅读服务系统能根据自己个性化需求主动推送阅读内容的农民占 18.58%，上述两种服务都需要的占 45.13%。可见，多数农民同时需要订阅和推送两种移动阅读内容获取方式，相比之下，订阅方式偏多。根据调查对象的人口特征对调查数据进行交叉统计，卡方检验发现农民的文化水平和身份对选择移动阅读内容获取方式有显著影响。随着学历的上升，同时需要两种服务的农民人数逐渐增加，普通农民更喜欢推送服务，种养大户和农业合作组织员工更需要订阅服务。

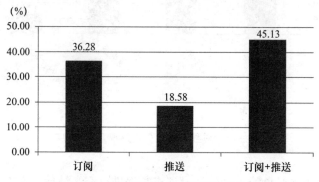

图 4 - 14　对移动阅读内容获取方式的需求

　　农民是否希望可以在移动终端和电脑、笔记本等其他终端上阅读同一篇内容，并能统一管理阅读进度？调查数据统计显示，希望可以在不同终端上阅读同一篇内容且统一管理阅读进度的占 78.76%，不希望的只占 21.24%。交叉分析和卡方检验发现文化水平、身份对农民的选择有显著影响，随着学历的增加，农民更加希望可以统一管理阅读内容和阅读进度，种养大户、农村合作组织职员和农业企业员工比普通农民的需求更明显。

　　（4）移动阅读社区服务

　　在对移动阅读社区服务的需求上，图 4 - 15 的数据显示，农民需要的虚拟社区服务功能有移动阅读服务咨询（占 61.50%）、上传（文档图片等）（占 30.97%）、聊天讨论（占 30.53%）、关注或收看收听（占 26.55%）、发表评论（占 21.24%）、转发（占 18.58%）、发表日志心情（占 15.49%）、发表摘录（占 13.27%）、推荐（占 13.27%）、发表阅读笔记（占 11.06%）、批注（占 3.98%）、标签（占 3.98%）、其他（0.44%）。数据显示，农民对移动阅读服务咨询的需求最高，其次是上传资料、聊天讨论、收看收听、发表评论等。

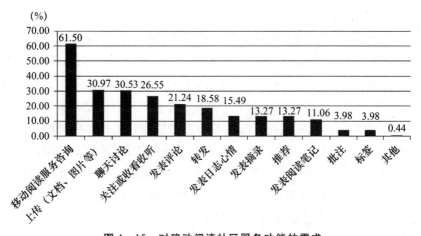

图 4 - 15 对移动阅读社区服务功能的需求

交叉统计和卡方检验发现年龄、文化水平、收入水平对农民选择社区服务功能有显著影响。20—29 岁的农民对各项社区服务功能都有相对较高的需求，30—39 岁的农民更喜欢聊天讨论、发表评论和推荐服务；学历越高，对虚拟社区服务功能的总体需求就越高；收入越高的农民对社区服务的需求相对越高。

（5）移动阅读服务收费

图 4 - 16 的数据统计显示，99.56% 的农民需要免费服务，只有 0.44% 的农民能接受收费，这说明绝大多数农民都希望移动阅读服务是免费的。

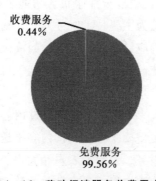

图 4 - 16 移动阅读服务收费需求

（三）结论与服务启迪

1. 当前移动终端在我国农村的普及率较高，大多数农民需要移动信息服务。各级政府农村部门、农业高校与科研院所、电信运营商、农村公共图书馆等机构在推进农村信息化建设的过程中，应该发挥移动信息服务在农村的比较优势，优先开发基于移动互联网的信息服务。

2. 农民对移动阅读内容的需求主要包括即时性的新闻资讯、农业政策信息、农业科技信息、农产品市场与流通信息、农村基层管理信息（包括农村村务公开、土地管理、人口和计划生育管理服务、党群管理、医疗卫生、社会保障、社会救助、养老服务等）、实用生活资讯等服务内容。各类信息服务机构应努力提高农业信息的针对性、时效性，根据不同阶段不同层次的行业需求、具体经营需求、问题解决需求等有针对性地提供信息服务。同时注重农民移动阅读内容的多元化，根据农村用户的反馈，不断调整、优化信息服务内容。

3. 农民喜闻乐见的移动阅读内容形式有摘要、专题汇编等，主要载体形式有文本＋图片、文本、视频、图片等，主要出版形式是报纸、网页、杂志等，喜欢阅读短小精悍的内容。面对多数文化水平有限的农民，各类信息服务机构应加强对移动阅读服务内容的整序、加工，注重信息内容的序化与优化，根据移动阅读环境的特点和农民对"微内容"的需求，适当控制每个移动阅读内容单元的规模，以微阅读等短篇幅为主，面向农民提供移动阅读内容，满足农民对移动阅读内容形式的需求。

4. 当前农民主要希望以智能手机、功能手机、平板电脑为主要移动阅读终端，以短信息为主要技术服务方式，辅以多媒体信息、浏览器等方式。各类服务机构应针对农民对移动阅读服务技术的需求，重点开发农村短信息服务系统，同时开发基于智能手机和平板电脑的网站和移动阅读客户端软件，信息系统要简单易用。

5. 在服务方式上，农民主要需要通过内容导航与检索系统查询、订阅移动阅读服务，也需要个性化阅读内容推送服务。各类服务机构要对不同农业用户分类服务，对普通农户和大户、合作组织、农业企业要分开服务，有针对性地为农民提供个性化的移动阅读服务。分主题、按农业生产经营时节组织主题信息服务，通过移动信息平台主动提供服务。针对农民的经济条件及希望免费利用移动阅读服务的需求特征，各类信息服务机构应多开展公益性的移动阅读服务。

6. 农民需要移动阅读社区服务，包括移动阅读服务咨询、上传资料、聊天讨论、收看收听、发表评论等。各类服务机构应自建或利用公共平台建立移动阅读社区，鼓励农民之间开展日常阅读交流，鼓励各类专家利用移动阅读平台及时与用户互动、交流，及时帮助农民解决生产与生活中的疑难问题。

二　大学生移动阅读需求实证分析

根据中国互联网信息中心（CNNIC）2014 年 8 月发布的《中国移动互联网调查研究报告》①，截至 2014 年 6 月底，我国手机网民规模为 5.27 亿，以年轻用户为主体，年龄为 30 岁及以下的手机网民在总体手机网民中占比达 60%，其中，以 20—29 岁年龄段手机网民占比最大，为 33.4%。大学生是年轻的移动阅读用户的重要组成部分，高校图书馆是重要的移动阅读服务机构，大学生的移动阅读需求是高校图书馆做好移动阅读服务的前提。本研究以南京地区高校为例，从移动阅读内容与服务需求两个方面调查分析大学生对高校图书馆移动阅读服务的需求特征。

（一）研究方法

本研究以问卷调查法为主，通过实地发放调查问卷和在线发放调查问卷相结合的方式，征集样本数据。

按照表 4－1 所示的理论框架，结合大学生利用高校图书馆的信息行为特点，设计调查问卷初稿，在南京农业大学进行试调查，根据反馈意见进行修改；同时根据部分专家的意见对调查问卷作进一步修改。调查问卷（详见附录二）的 Cronbach α系数值为 0.834，说明调查问卷的信度良好。

本次调查的实施时间为 2013 年 9—12 月，为期四个月。调查对象通过便利抽样选取，以南京大学、东南大学、南京航空航天大学、南京

---

① 《中国移动互联网调查研究报告》（http://www.cnnic.cn/hlwfzyj/hlwxzbg/201408/P020140826366265178976.pdf）。

理工大学、南京农业大学、南京师范大学等校大学生为主。在线调查通过问卷星网站（www. sojump. com）发布调查问卷，通过邮件、即时通信社区（QQ、微信等）、微博等渠道推广问卷，共回收有效问卷 507 份；现场实地调查主要通过安排调查小组在校园内等现场实地发放调查问卷，并开展部分访谈，共回收有效问卷 338 份。调查对象总量 845 人，基本信息见表 4 - 3。

表 4 - 3　　　　　　　　调查对象的基本特征

人口特征	选项	人数（人）	百分比（％）
年龄	18—22 岁	505	59. 76
	23—25 岁	227	26. 86
	26—30 岁	107	12. 66
	31—40 岁	6	0. 72
性别	男	382	45. 2
	女	463	54. 8
学历	本科	572	67. 69
	硕士	177	20. 95
	博士	96	11. 36
专业	文科	369	43. 67
	理科	91	10. 77
	工科	298	35. 26
	农科	79	9. 35
	医科	8	0. 95
现有移动设备	普通手机	147	17. 4
	智能手机	774	91. 6
	平板电脑	243	28. 76
	电子书阅读器	55	6. 51
	PSP 游戏机	20	2. 37
	MP3/MP4/MP5	172	20. 36
	其他	2	0. 24

本研究运用 Excel、SPSS 等统计工具对大学生移动阅读需求的调查数据进行统计，对总体需求情况进行描述性分析；并按照调查对象的年龄、性别、学历、专业等特征与问卷中的指标进行交叉分析（注：由于大学生年龄与学历的基本一致性，只以学历为依据进行比较分析），利用卡方检验值判断两者有无明显差异，以进一步比较、挖掘不同类型大学生的移动阅读需求特征。

（二）数据分析

1. 总体需求情况

在 845 份有效问卷中，明确表示需要高校图书馆移动阅读服务的大学生有 665 人，占 78.7%，不需要高校图书馆移动阅读服务的大学生有 180 人，占 21.3%，这一统计结果显示大学生对高校图书馆移动阅读服务的需求是客观存在的（见图 4-17）。对明确没有移动阅读需求的大学生的调查统计数据显示，他们不需要移动阅读服务的主要原因是"没有必要，因为我可以很方便使用电脑上网"，其次是"眼睛容易累，不习惯手机阅读"、"不了解移动阅读"和"移动或无线网速较慢"。

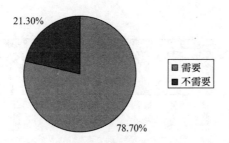

图 4-17　大学生移动阅读需求度

2. 需要移动阅读的目的

如图 4-18 所示，统计数据显示，大学生需要高校图书馆移动阅读服务的主要目的是"应急查阅图书馆信息"（占 68.12%）、"利用零星时间阅读学习"（占 57.59%）、"了解专业学术动态"（占 49.92%），其次是"了解图书馆服务实时信息"（占 41.65%）、"了解科技文化动态"（占 33.98%）和"休闲娱乐，打发无聊"（占 23.46%）。

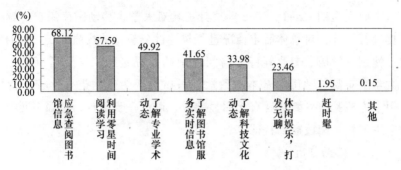

图 4 - 18　大学生移动阅读的目的

3. 对移动阅读内容的需求

（1）不同属性的移动阅读内容

统计数据显示（见图 4 - 19），大学生对专业书刊等各种属性的移动阅读都有较高的需求度，需求率超过 90% 的移动阅读内容包括"专业书刊"、"图书馆实时资讯"、"就业信息"、"外语学习"、"认证考试信息"、"文学作品"、"工具书"、"专业学术研究动态"等。

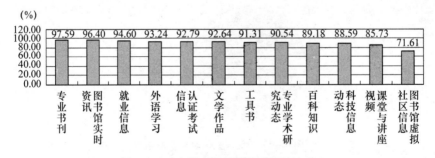

图 4 - 19　大学生需要的移动阅读内容

根据调查对象的人口特征对调查数据进行交叉统计，卡方检验发现性别、学历、专业对大学生选择移动阅读内容有显著影响。文科、理科、农科大学生对百科知识的需求度更高，文科、理科、工科大学生对课堂与讲座视频的需求度更高；本科生、硕士研究生对认证考试信息的需求度更高；女生对就业信息、专业学术动态的需求度更高。

（2）不同加工形式的移动阅读内容

图 4 - 20 的统计数据显示，大学生对移动阅读内容全文的需求度非常高，达 98.05%；在对不同加工形式的移动阅读内容方面，大学生对摘要、目录、综述等需求度也很高，均超过 90%。

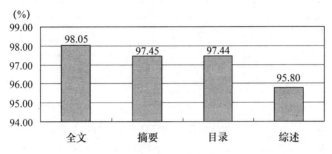

图 4 - 20　大学生需要的移动阅读内容加工形式

（3）不同载体形式的移动阅读内容

如图 4 - 21 所示，在对不同载体形式的移动阅读内容需求上，大学生对纯文本内容的需求度最高，达 98.5%；其次是文本 + 图片、纯图片，大学生对视频、音频内容的需求度也很高。

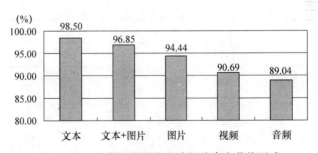

图 4 - 21　大学生需要的移动阅读内容载体形式

（4）不同出版形式的移动阅读内容

在对不同出版形式的移动阅读内容需求方面，大学生对网页和图书的需求率高达 97.15% 和 97%，其次是杂志、报纸（见图 4 - 22）。根据调查对象的人口特征对调查数据进行交叉统计，卡方检验发现学历、专业对大学生选择移动阅读内容出版形式有显著影响。文科、理科学生对报纸、杂志的需求度更高；在对杂志的需求度上，本科生高于硕士生，硕士生高于博士生。

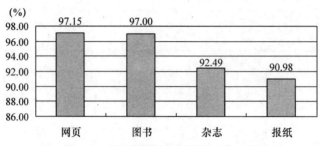

图4－22　大学生需要的移动阅读内容出版形式

（5）不同篇幅的移动阅读内容

图4－23的数据显示，喜欢短小精悍的移动阅读内容的大学生占78.05%，喜欢长篇移动阅读内容的大学生占8.27%，态度为无所谓的大学生占13.68%，可见，大部分大学生需要短篇幅的移动阅读内容。

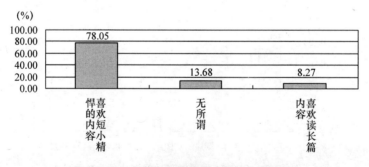

图4－23　大学生需要的移动阅读内容篇幅

（6）文本阅读内容排版和翻页方式

对于文本阅读内容，大部分大学生希望可以自行定义排版（包括横竖排、字体、字号、色彩、亮度、闪动、背景、有无图等）和翻页方式（触摸、语音、自动感应眼球等），见图4－24。在具体操作上，大学生最需要的排版操作是字号、字体、亮度，见图4-25。

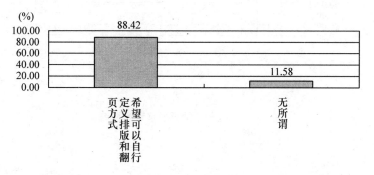

图4-24 大学生对文本阅读排版和翻页方式的需要度

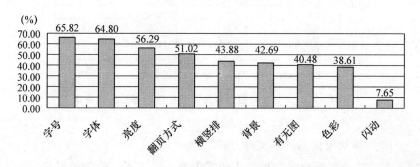

图4-25 大学生需要的移动阅读文本排版形式

4. 对移动阅读服务的需求

（1）移动阅读终端

在获取移动阅读内容所需的终端上，图4-26的统计数据显示，大学生最需要的移动终端是智能手机，其次是平板电脑。根据调查对象的人口特征对调查数据进行交叉统计，卡方检验发现性别、专业对大学生选择移动阅读终端有显著影响。男生、工科学生对平板电脑的需求度更高。在希望高校图书馆能够提供租借服务的移动终端方面，60%左右的大学生希望高校图书馆提供平板电脑和电子书阅读器租借服务，见图4-27。

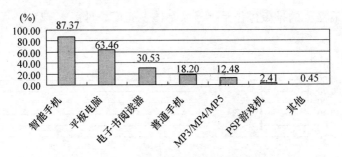

图 4 – 26 大学生需要的移动阅读终端

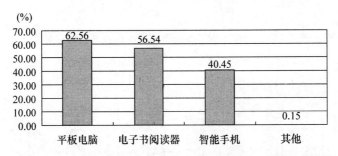

图 4 – 27 大学生希望高校图书馆租借的移动阅读终端

（2）移动阅读的技术实现方式

在对移动阅读技术实现方式的需求方面，图 4 – 28 的数据显示，大学生主要需要的技术实现方式是浏览器和客户端软件。

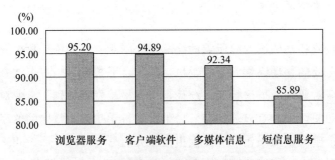

图 4 – 28 大学生需要的移动阅读技术方式

（3）移动阅读内容服务方式

在服务方式上，图4-29的统计数据说明，62.41%的大学生对"自己能通过内容导航、检索系统查询订阅移动阅读内容"和"图书馆移动服务系统能根据您的个性化需求主动推送阅读内容"都很需要。92.48%的大学生希望能在移动终端和电脑、笔记本电脑等其他终端之间无缝切换、跨屏幕阅读，见图4-30。

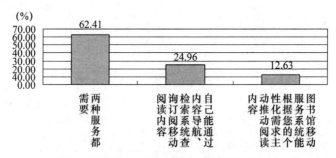

图4-29　大学生需要的移动阅读服务方式

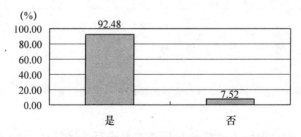

图4-30　是否希望在移动终端和其他终端之间切换阅读

（4）移动阅读社区服务

在对移动阅读社区服务方面，图4-31的数据统计显示，53.98%的大学生希望高校图书馆可以基于微博、社交网站等公共社区开展阅读服务，45.26%的大学生则希望高校图书馆自行建立配套的阅读社区。在具体社区服务功能上，大学生最需要的社区服务功能是图书馆咨询，占71.58%；其次是发表评论、推荐（以赞或喜欢或顶或反对、资源推荐等方式）、上传（文档、图片、音频、视频等）、发表阅读笔记、发表摘录等，见图4-32。

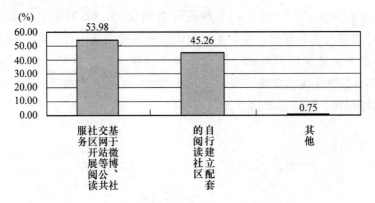

图 4 – 31　大学生需要的移动阅读社区服务平台

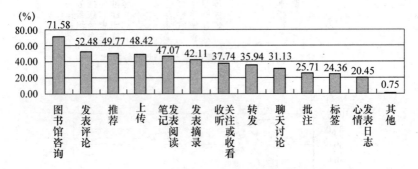

图 4 – 32　大学生需要的移动阅读社区服务功能

　　根据调查对象的人口特征对调查数据进行交叉统计，卡方检验发现性别、专业对大学生选择移动阅读社区服务有显著影响。男生、理科学生更需要聊天讨论社区服务；男生、理工科学生更需要发表日志社区服务。

　　（三）结论

　　1. 大多数大学生需要高校图书馆提供移动阅读服务，其目的主要是应急查阅图书馆信息、利用零星时间阅读学习、了解专业学术动态等。

　　2. 大学生对高校图书馆移动阅读服务内容的需求主要包括专业书刊、图书馆实时资讯、就业信息、外语学习、认证考试信息、文学作品、工具书、专业学术研究动态等服务内容。

3. 大学生对摘要、目录、综述等不同加工形式的移动阅读内容的需求度很高，他们需要的移动阅读内容的主体载体形式是纯文本、文本＋图片、纯图片等，主要出版形式是网页和图书、杂志、报纸，大部分大学生需要短篇幅的移动阅读内容，希望可以自行定义排版（主要包括字号、字体、亮度等）和翻页方式。

4. 大学生最需要的移动终端是智能手机和平板电脑，需要的主要阅读软件是浏览器和客户端软件。

5. 在服务方式上，大学生主要需要通过内容导航与检索系统查询、订阅移动阅读服务，也需要图书馆开展个性化阅读内容推送服务，希望在移动阅读时能在移动终端和电脑、笔记本电脑等其他终端之间无缝切换、跨屏幕阅读。

6. 大学生需要移动阅读社区服务，包括公共阅读社区和高校图书馆自行建立的阅读社区；大学生最需要的社区服务功能是图书馆咨询、发表评论、推荐（以赞或喜欢或顶或反对、资源推荐等方式）、上传（文档、图片、音频、视频等）、发表阅读笔记、发表摘录等。

第五章　移动阅读寻求行为

在移动阅读行为调查分析方面，目前国内外学术界已有的调查分析成果主要局限于阅读利用行为调查，调查对象以大学生为主。本章拟在信息寻求行为理论和阅读学理论基础上提出移动阅读寻求行为理论框架，并对我国各类移动互联网用户的阅读寻求行为（简称移动阅读寻求行为）进行调查分析，总结其特征。

第一节　移动阅读寻求行为模型

移动阅读寻求行为是移动互联网用户在移动阅读需求的驱动下通过查询、检索和浏览等手段寻求、选择、获取所需读物的活动。阅读学理论认为，阅读可以分为搜寻和探索信息源、建构文本的意义、比作者更好地理解作者、在文本面前理解自我、从文本中产生新思路等方面。[①] 可见，移动互联网用户在阅读利用信息之前，都必须先通过寻求行为，获取所需要的阅读内容（及媒介），然后才可以阅读利用并交流信息。移动阅读寻求行为为移动阅读利用、移动阅读交流等行为提供支持，移动阅读利用、交流等信息行为实施前，都需要率先完成移动阅读寻求行为。

关于信息寻求行为，T. D. Wilson 在 1981 年提出了信息查寻行为模型，认为信息查寻者在寻找信息的过程中可能会遇到来自个人、社会角色和环境等背景的障碍。[②] 1987 年，D. Ellis 通过对 Sheffield 大学社会科

---

① 曾祥芹、韩雪屏：《阅读学原理》，大象出版社 2002 年版，第 200—211 页。

② Wilson. T. D., "On User Studies and Information Needs", *Journal of Documentation*, No. 1, 1981.

学工作者信息搜寻行为的研究，从认知的角度提出任何搜寻信息的个人行为均分为六个阶段：开始、联接、浏览、区分、跟踪、采集（证实、结束）。[①] 从"开始"到"结束"就是一次信息搜寻过程，"开始"是用户在寻求信息时最初所具有的"特征"，此时用户泛泛地发现相关文献，希望可以据此判别出可以开始研究的关键性文献；"联接"是用户通过已知资料的脚注、参考文献，或通过引文索引，对相关的信息进行前向搜寻；"浏览"是用户对一个感兴趣的领域进行"半直接、半结构化的查询"，一方面熟悉信息源，另一方面区分信息源；"跟踪"是用户通过定期关注特定的信息源，保持最新信息的获得；"区分"是用户利用已知信息资源的区别，对信息源进行筛选；"采集"是用户在特定的信息源中有选择地识别出相关资料；"证实"是用户检查所获得的信息的精确性；"结束"是用户通过最终的查找，进行最后的加工、补遗。1993 年，C. C. Kuhlthau 在多年实证研究的基础上提出了描述信息查寻过程的六个阶段：开始、选择、探索、形成、收集、结束，将用户的信息查寻看作建构性的学习过程，每个信息查寻阶段伴随着用户的认知和情感而变化。在认知层面，用户经历了思维模糊、清晰、集中，直到兴趣增长和产生明确目标的过程；在情感层面，同信息需求紧密关联的"不确定性情感"在信息查寻过程的早期引发了用户的焦虑、疑惑和气馁，但随着查找的进行和相关资料的获得，用户情感发生变化：用户信心增强，原来的不确定性情感开始确定，开始感到满意，有了方向感。[②] 随着网络时代的来临，C. W. Choo 等研究者重新审视了 D. Ellis 的理论，拓展了埃利斯的研究，他们在研究中发现网络信息搜寻模式具有以下特点：通常未受指引的信息搜寻采用分类、浏览和鉴别的方式；非正式的信息搜寻使用分类方式和就地获取方式；正式的信息搜寻则采用精确的信息获取方式。[③] 网络用户的信息查寻行为受信息技术的影响很

---

① Ellis, D., *The Derivation of a Behavioural Model for Information Retrieval System Design*, Sheffield: University of Sheffield, 1987.

② Kuhthau C C., *Seeking Meaning: A Process Approach to Library and Information Services*, Norwood: Ablex, 1993, pp. 17 – 18, 25.

③ Choo C W, Detlor B., Turnbull D., Information seeking on the Web: An integrated model of browsing and searching (http://firstmonday.org/ojs/index.php/fm/issue/view/116).

大，网络用户的查寻行为主要包括检索与浏览两类信息行为。网络用户信息检索行为是具有明确信息需求的网络用户借助专门信息检索工具和使用信息检索语言获取所需信息的活动。网络信息浏览行为是缺乏明确信息需求目标的用户利用超文本链接方式获取信息的活动。[①]

基于上述信息寻求行为理论，移动阅读寻求行为也同样包含查询、检索、浏览、选择和获取等行为过程。寻求移动读物的方式有随意浏览、利用内容导航网站、检索、朋友推荐、网络社区推荐、服务商广告等。选择读物的方式有随机选择、按专题（栏）选择等。一些重要读物还需要用户在选择后进行保存，以便在需要继续阅读或反复阅读时取阅。与传统阅读寻求行为不同的是，移动阅读行为是基于移动互联网实现的，与网络环境下的信息搜寻行为一样，移动阅读寻求行为受移动互联网信息技术及其演变的影响很大。特别是移动互联技术尚处发展初期，移动通信网络、移动终端、系统与应用软件等都处于快速的发展变化当中，这些变化对移动互联网用户的阅读寻求行为有着强烈的影响。移动通信网络从 2G 发展到 3G、4G，无线局域网络也逐步普及。移动终端从普通手机发展到智能手机、平板电脑、电子阅读器等，越来越多样、便携。应用软件从短信息、多媒体信息到浏览器、客户端软件等。随着移动互联网信息技术的演变，会有更多的技术呈现，不断改变用户寻求移动读物的行为。表 5－1 的"技术寻求"部分列举了移动互联网用户阅读寻求行为的操作性表现。

同时，移动阅读寻求行为还是内容消费行为。尽管"阅读这种精神产品的消费不同于物质产品的消费，它不只是消化和吸收产品中原有的精神营养，而且在产品加工和消化的过程中使原有的精神营养获得再生和增值"，"阅读中的文化消费是一个动态过程、再生过程，它只能发生在读者的意识活动之中"[②]，但是，作为市场环境中的商品交换，移动阅读寻求行为与传统商品购买选择与决策是一致的，需要通过付费等经济手段将查寻到的内容采集到手。由于网络经济环境的特殊性，特别是免费模式的兴起，移动读物等数字内容的经济获取具有了新的特

---

① 曹双喜、邓小昭：《网络用户信息行为研究述略》，《情报杂志》2006 年第 2 期。
② 曾祥芹：《阅读学新论》，语文出版社 1999 年版，第 191 页。

点。免费成为互联网环境下的一种消费模式，在当前甚至是主要的网络内容消费方式。作为传统的交换方式，收费模式依然存在，但在收费内容、标准与方式等方面，需要应对免费模式的挑战，进行调整、提升。表 5 - 1 的"商业寻求"部分列举了移动互联网用户阅读寻求行为的商业性表现。

表 5 - 1　　　　　　　　　**移动阅读寻求行为的基本框架**

类型	移动阅读寻求行为的表现
技术寻求	用户使用的移动终端（普通手机、智能手机、iPad 等平板电脑、电子阅读器）及使用时间、地点
	用户使用的技术获取手段（软件），比如通过电脑下载到移动终端上、短信、多媒体信息（彩信）、移动终端上网（浏览器、客户端软件等）
	用户使用的无线或移动通信网络（移动通信上网、WiFi 等无线上网）
	阅读内容查寻（随意浏览寻找/偶遇、利用内容集合平台/网站导航、检索、朋友推荐、社区推荐、广告推荐/对广告的态度）
	阅读内容选择（选择方式、存储方式、选择的主要服务平台或机构）
商业寻求	免费获取、付费购买（态度、购买内容、价格、支付方式等）

第二节　研究方法

以问卷调查法为主，辅以观察、访谈方法。通过实地发放调查问卷和在线发放调查问卷相结合的方式，征集样本数据。

按照表 5 - 1 所示的理论框架设计调查问卷初稿，在 2013 年 7—8 月安排部分暑假参加夏令营或回家的大学生在江苏、上海、北京、山东等地进行试调查，根据反馈意见，进行修改；同时根据部分专家的意见对调查问卷作进一步修改。调查问卷（详见附录三）的 Cronbach α系数值为 0.843，说明调查问卷的信度良好。

本次调查的实施时间为 2013 年 10—12 月，为期三个月。调查对象通过便利抽样选取，以城镇居民为主，地区覆盖全国，以江苏、广东、上海、北京、浙江、山东等东部省市为主。在线调查通过问卷星网站（www.sojump.com）发布调查问卷，通过邮件、即时通信社区（QQ、微信等）、微博、ZAKER 等部分合作的移动阅读服务商推广平台、问卷星用户推广系统等渠道推广问卷，现场实地调查主要通过安排调查小组在火车站、旅游景点等现场实地发放调查问卷，并开展部分访谈。

本次调查运用 Excel、SPSS 等统计工具对移动互联网用户阅读寻求行为的调查数据进行统计，进行描述性分析，同时将调查对象的年龄、性别、学历、职业、收入、所持移动终端等细分特征与问卷中的阅读行为指标进行交叉分析，利用卡方检验值判断两者有无明显差异，当 Pearson 卡方 Sig 值 < 0.05 时，说明二者有明显差异，以进一步比较、挖掘不同类型移动互联网用户的阅读寻求行为的偏好。

第三节　移动阅读行为基本情况

一　是否使用过移动阅读

统计数据显示（见图 5 - 1），绝大多数调查对象都进行过移动阅读，占全部调查对象的 93%；只有 7% 的调查对象未进行过移动阅读。可见目前移动阅读的普及率很高。

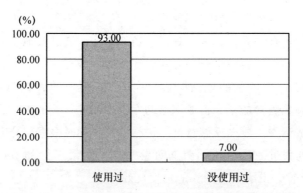

图 5 - 1　是否使用手机、平板电脑等移动终端阅读过

二　移动阅读的目的

统计数据显示（见图5-2），81.3%的调查者进行移动阅读的目的是即时了解实时信息，当推为首要目的；其次是打发无聊（66.3%）和应急查阅信息（61.26%）；再次是利用碎片时间阅读学习（49.1%）和查阅与地理位置相关的信息（47.8%）；只有极少数人（4.01%）进行移动阅读是为了赶时髦。

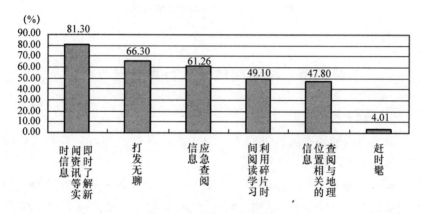

图5-2　利用移动阅读的目的

三　不进行移动阅读的原因

7%的调查对象不使用移动阅读的原因中，"没有必要，因为我可以很方便地使用电脑上网"占比最高（占49.61%），其次是"眼睛容易累，不习惯移动阅读"（占34.19%），再次是"没有移动终端"（占24.68%）、"不了解移动阅读"（占22.1%）、"担心移动通信费"（占21.59%），还有少数人是因为"移动终端操作不方便"（占13.37%）、"移动或无线网速慢"（占8.2%），见图5-3。

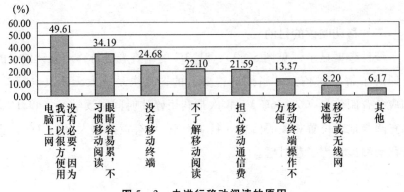

图 5 - 3　未进行移动阅读的原因

第四节　移动阅读寻求行为数据分析

一　样本数据

共回收有效调查问卷 2083 份，其中在线问卷 1480 份，现场实地调查有效问卷 603 份。

调查对象基本信息见表 5 - 2、图 5 - 4。调查对象的年龄以 18—40 岁为主，共占 87.99％。其中，18—25 岁的用户占 36.05％，26—30 岁的用户占 26.45％，31—40 岁的占 25.49％；性别基本均衡；学历以专科、本科、硕士为主，其中大专占 14.64％，本科占 64.62％，硕士占 12.15％；调查对象的职业分布，政府和事业单位人员占 28.89％，企业人员占 45.99％，学生占 22.23％，其他占 2.88％；收入（学生指生活费）分布，1000 元/月以下占 11.81％，1001—2000 元/月占 14.21％，2001—3000 元/月占 11.62％，3001—4000 元/月占 15.46％，4001—5000 元/月占 16.85％，5000 元/月以上占 30.05％。对照中国互联网络信息中心（CNNIC）2014 年 1 月发布的第 33 次《中国互联网络发展状况统计报告》① 和易观智库 2013 年 12 月发布的《2013 年中国移

---

① 《中国互联网络发展状况统计报告》（http：//www.cnnic.net.cn/hlwfzyj/hlwxzbg/hlwtjbg/201301/P020140116509848228756.pdf）。

动互联网统计报告》① 的移动互联网用户数据，本次调查的对象具有一定的代表性。

表 5 - 2 　　　　　　　　　调查对象的基本情况

人口特征	选项	人数（人）	百分比（%）
年龄	18 岁以下	33	1.58
	18—25 岁	751	36.05
	26—30 岁	551	26.45
	31—40 岁	531	25.49
	41—50 岁	187	8.98
	50 岁以上	30	1.44
性别	男	1049	50.36
	女	1034	49.64
学历	小学	9	0.43
	初中	24	1.15
	高中/中专	111	5.33
	大专	305	14.64
	本科	1346	64.62
	硕士	253	12.15
	博士	35	1.68
月收入	1000 元/月以下	246	11.81
	1001—2000 元/月	296	14.21
	2001—3000 元/月	242	11.62
	3001—4000 元/月	322	15.46
	4001—5000 元/月	351	16.85
	5000 元/月以上	626	30.05

① 《2013 中国移动互联网统计报告》（http：//www. eguan. cn/download/zt. php？tid = 1979&rid = 1983）。

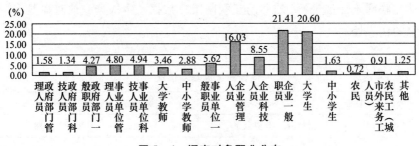

图 5 - 4 调查对象职业分布

二 移动阅读寻求行为数据与分析

（一）移动终端的使用

统计数据（见图 5 - 5）显示，目前用户利用的移动终端中，智能手机使用率最高，达 94.41%；其次是平板电脑，达 54.64%；MP3/MP4/MP5 和电子阅读器、普通手机等的使用比例都比较低，使用率不足 20%。根据调查对象的人口统计特征对调查数据进行交叉统计分析，卡方检验显示不同学历、收入的调查对象在利用的移动终端上存在显著差异，学历越高、收入越高的用户使用智能手机和平板电脑的比例越大，26—40 岁的用户使用平板电脑的比例相对更多。

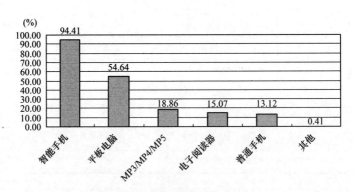

图 5 - 5 移动终端的使用现状

进一步的调查显示，移动互联网用户阅读时使用不同移动终端的时间与地点有区别。如图 5 - 6 的统计数据所示，用户利用手机进行移动阅读的时间（地点）主要在交通途中（占 76.07%）、等候时（占 61.37%）、睡觉前（占 59.61%）、家中无聊时（占 55.62%）、排队时（占 48.78%）、上厕所时（占 40.7%）、办公室无聊时（占 33.97%）、课间休息（占 26.41%）、会议间隙（占 23.77%）；利用平板电脑、阅读器进行移动阅读的时间（地点）主要在家中无聊时（占 67.4%）、睡觉前（占 54.89%）、交通途中（占 44.58%）、等候时（占 29.52%）、办公室无聊时（占 27.93%）、排队时（占 23.26%）、上厕所时（占 22.11%）、会议间隙（占 18.94%）、课间休息（占 15.07%）。两相比较可以发现，家中无聊时、睡觉前均为使用较多的时间（地点），这与易观智库发布的《2013 年中国移动互联网统计报告》中"家里、工作单位等固定场所占据大部分移动互联网用户上网时间"基本一致。此外，手机更多地使用于户外移动环境中，比如交通途中、等候时、排队时，而平板电脑与阅读器更多使用于室内环境。卡方检验显示不同学历、收入的用户在利用移动终端的时间与地点上存在显著差异，学历越高、收入越高的用户在交通途中、等候时、排队时、会议间隙利用手机与平板电脑、电子阅读器的比例越高。

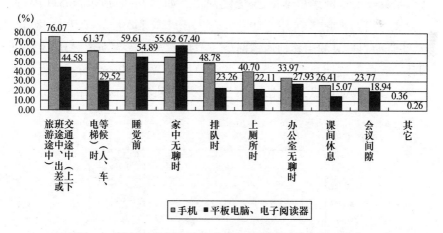

图 5-6 手机与平板电脑、电子阅读器使用的时间（地点）

（二）移动读物的获取渠道

根据图 5-7 的统计数据，浏览器是目前移动互联网用户获取移动读物的最主要的渠道，占76.32%；其次是客户端阅读软件，占57%；而离线获取阅读内容的方式也较受欢迎，通过电脑下载到移动终端上阅读的比例也达到55.3%。而短信、多媒体信息方式的利用率则比较低，均不超过20%。卡方检验显示不同学历的用户在移动读物的获取渠道上存在显著差异，学历越高的用户使用浏览器、客户端软件的比例越高。

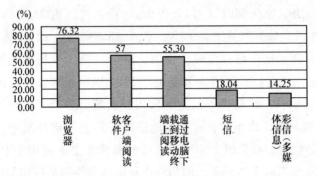

图5-7　移动读物的获取方式

用户通过浏览器、客户端阅读软件进行移动阅读时，主要的上网方式包括移动通信网络和WiFi等无线网络，如图5-8所示，65.15%的用户对两种网络都利用，20.96%的用户只利用WiFi无线网络，13.89%的用户只利用移动通信网络。根据易观智库发布的《2013年中国移动互联网统计报告》，31.9%的用户把有WiFi的公共场所作为移动上网地点。数据说明，相比之下，WiFi无线网络受到更多用户的欢迎。

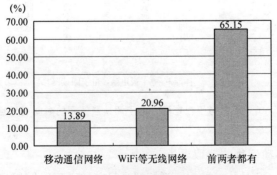

图5-8　移动阅读使用的通信网络

在用户使用的浏览器中，UC 浏览器占比最高，达 72.13%，其次是 QQ 浏览器，达 50.57%，如图 5-9 所示。卡方检验显示不同学历的用户在使用的浏览器上存在显著差异，学历越高的用户使用 UC 越多，而高中、中专学历用户使用 QQ 更多。这一调查结果与 CNNIC 2013 年 10 月发布的《2013 年手机浏览器用户研究报告》①、2014 年 1 月发布的第 33 次《中国互联网络发展状况统计报告》② 和艾瑞咨询发布的《2013 年中国手机浏览器行业分析报告》③ 的结论基本一致。

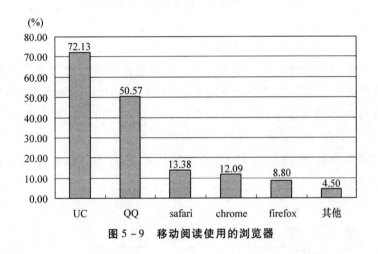

图 5-9　移动阅读使用的浏览器

在用户使用的客户端阅读软件中，QQ 阅读占比最高（占 43.26%），其次是中国移动手机阅读（占 35.25%）、91 熊猫看书（占 29.14%），再次是网易云阅读（占 19.6%）、掌阅 iReader（占 18.88%）、天翼阅读（占 14.12%）、百阅（占 12.86%）等，见图 5-10。

<hr>

① 《中国手机浏览器用户研究报告》（http：//www. cnnic. cn/hlwfzyj/hlwxzbg/ydhlwbg/201310/P020131016356661940876. pdf）。

② 《中国互联网络发展状况统计报告》（http：//www. cnnic. net. cn/hlwfzyj/hlwxzbg/hlwtjbg/201301/P020140116509848228756. pdf）。

③ 《2013 年中国手机浏览器行业分析报告》（http：//report. iresearch. cn/2107. html）。

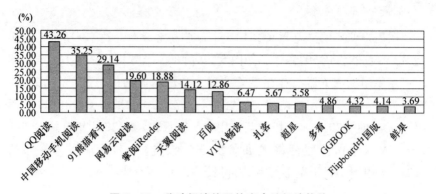

图 5 - 10　移动阅读使用的客户端阅读软件

（三）寻找移动阅读内容的方式

图 5 - 11 的统计数据显示，随意浏览是占比最高的寻找移动阅读内容的方式，占 60.12%，说明大部分用户的移动阅读是无目的的；但有目的的阅读占比也不低，用户通过"利用内容导航网站"和"检索"寻找移动阅读内容的比例都在 50% 左右。此外，"朋友推荐"和"网络社区推荐"也是不可忽视的寻找方式，分别占 37.83% 和 29.01%。

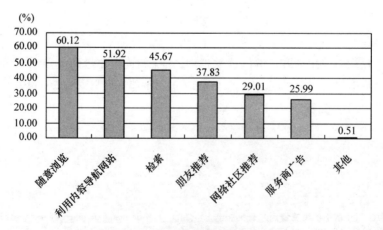

图 5 - 11　寻找移动阅读内容的方式

卡方检验显示，不同性别的调查对象在寻找移动阅读内容的方式上存在显著差异，女性随意浏览的比例高于男性，男性利用导航的比例高于女性，女性接受朋友推荐和社区推荐的比例更高。相比之下，"服务商广告"作为寻找方式的比例不算高，只有25.99%；卡方检验显示男性接受广告的比例更高。在这部分用户中，平常比较乐于接受的广告形式首推摘要（占60.75%），其次是主题阅读活动介绍（占36.09%）、部分内容试读（占34.71%），再次是书评，包括导读（占30.18%）或名家导读（占28.8%），而有奖参与说明的接受度不高，只有14.79%，见图5-12。

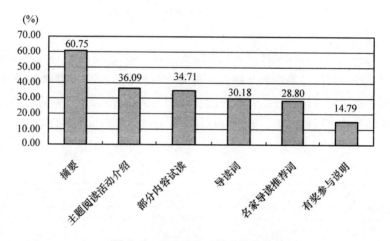

图5-12 乐于接受的广告形式

（四）选择移动阅读内容的方式

用户选择移动阅读内容的方式包括随机选择和按专题（栏）选择，如图5-13所示，52.95%的调查者同时使用两种选择方式，25.99%的调查者随机选择，21.07%的调查者按专题（栏）选择，总体上看，用户对两种选择方式的使用并无明显差别。根据调查对象的人口统计特征对调查数据进行交叉分析，卡方检验显示不同学历的调查对象在选择移动阅读内容的方式上存在显著差异，学历越低的用户随机选择阅读的比例越高。

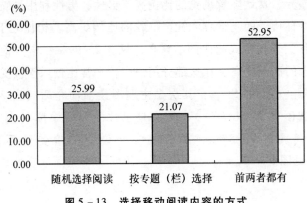

图 5 – 13　选择移动阅读内容的方式

对一些需要继续阅读或重复阅读的内容，如图 5 – 14 所示，36.6% 的用户自己对阅读过的内容与阅读进度等进行标识、存储、调取；26.04% 的用户利用阅读软件智能管理阅读进度和个人书库；37.37% 的用户两种方式都使用。总的看来，用户对两种存取方式的使用也无明显差别。

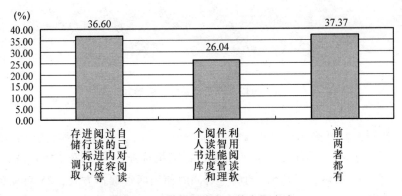

图 5 – 14　移动阅读内容的存取方式

用户选择的移动阅读内容的来源包括电信运营商、互联网服务商、传统出版机构、图书馆、个人自媒体等服务机构与平台。其中，电信运营商中以中国移动手机阅读为主，用户选择的比例高达 58.84%，见图 5 – 15。互联网服务商中以腾讯（占 61.92%）、百度（占 58.23%）、新浪（占 56.43%）等传统互联网大企业为主，新兴的移动互联网服务商中，91 熊猫看书（占 16.04%）、3G 门户（占 9.74%）、百阅（占 6.41%）、掌阅（占 6.25%）等也受用户欢迎，见图 5 - 16。个人自媒体中，微博、微信较受用户欢迎，选择比例分别为 60.53%、52.69%，见图 5 - 17。传统出版机构中，出版社居首，用户选择比例占 33.37%；其次是报社（占 27.06%）、杂志社（占 22.81%），见图 5 - 18。图书馆中，以公共图书馆、高校图书馆为主，用户选择的比例分别为 35.88%、26.24%，科研图书馆只占 4.92%，见图 5 - 19。综观上述各类服务机构，从调查对象的选择比例上看，当前用户选择的移动阅读服务机构中领先的主要是电信运营商和部分知名传统互联网服务商、主流的个人自媒体平台，选择比例都在 50% 以上。出版社、报社、杂志社等传统出版机构和图书馆提供的移动阅读服务也较受欢迎，选择比例平均在 30% 左右。

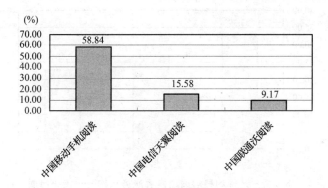

图 5 - 15   用户选择的移动阅读内容服务机构——电信运营商

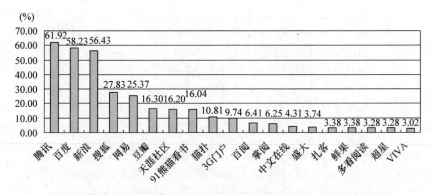

图 5 - 16   用户选择的移动阅读内容服务机构——互联网服务商

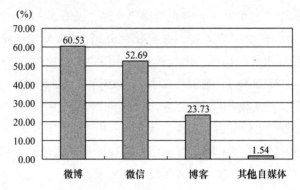

图 5 - 17　用户选择的移动阅读内容服务机构——个人自媒体

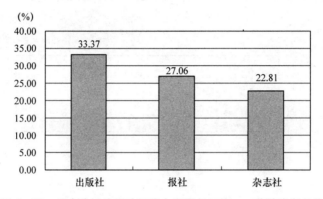

图 5 - 18　用户选择的移动阅读内容服务机构——传统出版机构

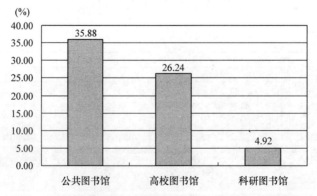

图 5 - 19　用户选择的移动阅读内容服务机构——图书馆

（五）移动阅读内容商业获取行为

除了通过移动终端、通信网络与软件等技术手段获取移动读物之外，用户还需要同步完成相应的商业获取行为，包括免费获取和付费获取。图 5 - 20 的统计数据显示，64.12% 的调查对象不愿意为获取移动阅读内容付费，35.88% 的调查对象愿意为获取移动阅读内容付费。与前几年的调查数据相比，愿意付费的用户比例上升明显。根据调查对象的人口统计特征对调查数据进行交叉统计分析，卡方检验显示不同性别、收入的调查对象在付费意愿上存在显著差异，男性愿意付费的比例比女性高，收入高的用户愿意付费的比例更高。

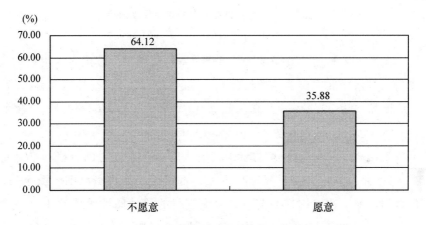

图 5 - 20　是否愿意为移动阅读支付费用

愿意付费购买移动阅读内容的用户希望购买的内容主要是文学（占 57.29%）、（专业）知识（占 55.86%），其次是微电影/电视（占 34.14%）、听书、音乐/歌曲（占 32.86%）、新闻（占 27.57%），见图 5 - 21。该数据说明，目前用户愿意付费购买的内容以文本内容为主，其中文学和专业知识的比例均超过 50%，说明文学、专业性学习与阅读有较大的市场潜力。

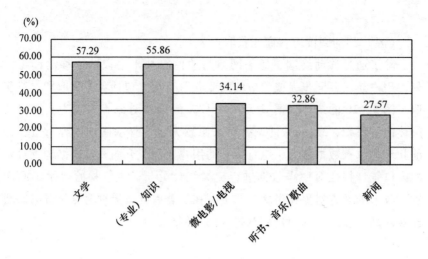

图 5 - 21 愿意付费购买的移动阅读内容

图 5 - 22 的统计数据显示，愿意付费购买移动阅读内容的用户愿意支付的价格标准主要是包月收费 3—5 元（占 52%）、按每本（首、部）2 元收费（占 32.43%），其次是按每章节（段）0.04—0.12 元收费（占 18.14%）、包月收费 8—10 元（占 16.43%）、按每本（首、部）3 元收费（占 15.29%）。总的看来，这些用户愿意支付的价格标准是每月 3—5 元或每本（首、部）2—3 元，都属于小额付费范围。图 5 - 23 的数据反映了这些用户当前每月实际支付的移动阅读平均费用（不含流量费），39.71% 的用户每月为移动阅读支付费用不超过 5 元，29% 的用户支付费用在 6—10 元之间，合计约 70% 的用户每月为移动阅读内容支付的费用不超过 10 元，这也说明目前愿意付费购买移动阅读内容的用户愿意支付和实际支付的金额都属于小额支付。而这些用户喜欢的支付方式主要是银行卡、支付宝等在线支付（占 69.43%）或直接从移动通信费扣取（占 51.86%），购买阅读卡（虚拟货币）的受欢迎度不高，只有 12.43%，见图 5 - 24。

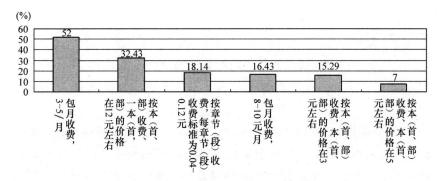

图 5 - 22 愿意支付的价格标准

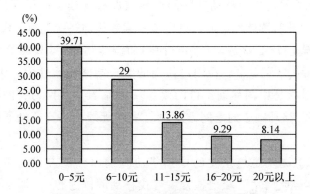

图 5 - 23 每月平均支付的移动阅读费用

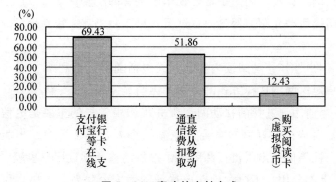

图 5 - 24 喜欢的支付方式

三 结论

总结前述移动阅读寻求行为调查数据的分析，可以得出如下结论。

1. 目前移动阅读的普及率很高，93%的调查对象都使用过移动阅读。

2. 目前用户利用的移动终端中，智能手机使用率最高，其次是平板电脑。家中无聊时、睡觉前都是移动终端使用较多的时间（地点），相比之下，手机更多地使用于户外移动环境中，比如交通途中、等候时、排队时，而平板电脑与阅读器更多使用于室内环境。

3. 浏览器是目前移动互联网用户获取移动读物的最主要的渠道，其次是客户端阅读软件，而通过电脑下载到移动终端上的离线获取阅读内容的方式也较受欢迎。在用户使用的浏览器中，UC 浏览器占比最高，其次是 QQ 浏览器；在用户使用的客户端阅读软件中，QQ 阅读占比最高，其次是中国移动手机阅读、91 熊猫看书、网易云阅读、掌阅iReader 等。移动阅读的上网方式中，WiFi 无线网络比移动通信网络更受欢迎。

4. 随意浏览是最主要的寻找移动阅读内容的方式，其次是通过"利用内容导航网站"和"检索"寻找移动阅读内容，"朋友推荐"和"网络社区推荐"也是不可忽视的寻找方式，"服务商广告"作为寻找方式的比例不算高。用户平常比较乐于接受的广告形式首推摘要，其次是主题阅读活动介绍、部分内容试读，再次是书评，包括导读或名家导读等。

5. 用户选择移动阅读内容的方式包括随机选择和按专题（栏）选择，用户对这两种选择方式的使用并无明显差别。

6. 当前用户选择的移动阅读服务机构中领先的主要是电信运营商和部分知名传统互联网服务商、主流的个人自媒体平台，出版社、报社、杂志社等传统出版机构和图书馆提供的移动阅读服务也较受欢迎。

7. 大部分用户不愿意为获取移动阅读内容付费，但愿意付费的用户比例上升明显。目前用户愿意付费购买的内容以文本内容为主，其中主要是文学和专业知识。用户愿意支付的价格标准是每月 3—5 元或每本（首、部）2—3 元，都属于小额付费范围。

第六章 移动阅读利用行为

在移动互联网用户阅读利用行为（简称移动阅读利用行为）研究方面，目前国内外学者的研究成果多以用户对移动阅读的认知、用户的移动阅读内容与方法偏好、用户满意度，用户个体特征对阅读行为的影响等为主，相应的理论分析不足，调查对象局限于某些地区与部分人群，以大学生为主。本章拟在移动阅读利用行为理论、移动阅读利用行为调查内容与调查对象拓展等方面做进一步的探索，在阅读认知理论与阅读学理论的基础上提出移动阅读利用行为的理论框架，并进行细化，设计调查问卷，在我国移动互联网用户分布的主要地区对各类型用户进行抽样调查分析，总结其移动阅读利用行为特征。

第一节 移动阅读利用行为模型

获取移动读物后，用户要对读物中的内容加以吸收和利用，用于解决工作和生活中的问题，这是一个连续的动态过程。阅读利用是用户对由视觉或听觉输入的文字、符号、图形、音视频等信息进行解读，从中获取作者想表达的信息的过程。即作者通过编码将意义变成文字、符号、图形、音视频，通过媒介传播给用户，用户接受后对其进行译码，还原成意义，并可以通过评论、推荐分享等方式进行信息反馈，因此，阅读利用行为是作者和用户之间的信息交流过程。

基于认知心理学而形成的阅读认知理论，是比较有代表性的阅读理论研究成果。认知是指人类认识客观事物、获得知识的过程，包括知觉、记忆、言语、思维和问题解决等心理过程。现代认知心理学理论把人看作有选择地获取和加工环境刺激的有机体，人对刺激的反应即人的感知、记忆、思维以及由此引发的外部行为是一个由输入、储存、编码、输出等环节构成的完整的信息加工系统，通过顺应或同化机制，反应的结果是强化或者改变人的认知结构，从而与外部环境取得一致。人的阅读行为是一种思维加工过程，使人原有的思维结构产生变化，不断形成高一级的思维结构，从而不断地与外部世界相适应。阅读认知理论认为阅读不是一个被动、机械地吸收信息的过程，而是积极主动地获取各类信息的过程。Penny Ur 认为，阅读是一个积极的过程，阅读过程更应被看成在语境中"构造"意义。① Sandra 提出，在阅读过程中读者与文本之间是一种互动（interactive）的关系，读者通过认真阅读、讨论，与文章产生互动，创造出具有意义的语段。② 阅读认知理论中，有代表性的阅读认知过程模式有"下—上"阅读模式、"上—下"阅读模式和相互作用模式。自下而上是指首先理解单词、句子结构，再理解段落、全文，比如格雷的阅读过程四阶段说、Gough P B 提出的信息加工模式③等；自上而下是指首先构建全文的语义图像，了解文章的背景和作者的意图，用较高语言层面上的理解帮助较低语言层面的理解，如段落、句子、单词等，比如 Goodman 提出的心理语言模式；④ 相互作用是指相互作用的理解方式，词汇的、句法的、语义的知识及背景知识都在发挥作用。Rumehart 提出的"相互作用"的阅读模式⑤被认为是阅读认知模式的代表之作。根据相互式阅读理论，阅读是自下而上与自上而下的交互过程、低层次技能与高层次技能间的交互过程，以及阅读者的背景知识与文本中预设的背景知识之间的交互过程。在阅读理解过程中，由下而上和由上而下的运作在各层次同时发生。Stanovich 的交互补偿模式⑥

---

① Ur P. , *A Course in Language Teaching Practice and Theory* , Cambridge：Cambridge University Press, 1996, pp. 226 –231.

② Sandra S. , *Techniques and Resources in Teaching Reading*, Shanghai：Shanghai Foreign Language Education Press, 2002, pp. 3 –5.

③ Gough P B. , One Second of Reading, *Language by Ear and by Eye*, Cambridge, Mass. ：MIT Press, 1972, pp. 331 –358.

④ Goodman, K. S. , "Reading：A Psycholinguistic Guessing Game", *Journal of the Reading specialist*, Vol. 6, No. 1, 1967.

⑤ Rumelhart, D. E. , Toward an Interactive Model of Reading, *Dornic S. Attention and Performance VI.* , New York：Academic Press, 1977, pp. 573 – 603.

⑥ Stanovich K E. , "Toward an Interactive Compensatory Model of Individual Differences in the Development of Reading Fluency", *Reading Research Quarterly*, No. 1, 1980.

就是在 Rumehart 的模式基础上发展起来的。该理论认为，阅读理解的过程实际上是一个多种语言知识，包括文字、词汇、句法和语义等知识的复杂的"交互补偿作用"的过程，任何单一的语言知识都不能促成对阅读材料的真正理解。该理论将阅读理解过程描述为一个双向的相互作用过程。它既强调背景知识和上下文预测的重要性，又不忽略对单词、短语的解码能力，迅速捕捉关键信息以理解阅读材料的重要性，反映了阅读理解的本质。这种双向过程一旦出现停滞或被单向过程所取代，阅读理解就会受到阻碍，只有当"自下而上"和"自上而下"两个过程有机协调、结合运用，即当文章本身所提供的信息与读者的先验知识及其所作的预期相吻合时，才能达到对文章的真正理解。

国内阅读学理论的代表曾祥芹先生从心理科学和行为科学的双视角考察阅读过程的运行机制。他认为，阅读是因文得义的心理过程，[①] 包含感知、理解、欣赏、评价、迁移等一系列心理活动。[②] 感知是阅读的起点，就是感知书面语言符号；理解是阅读的中心，就是在感知语言形式的基础上，进入对整个篇章思想内容的把握，包括对思路结构、语体文体、质料主旨、文情笔法、文气文风各方面的理解；欣赏是阅读的深化，是在全面理解的基础上深入对作品思想内容和语言形式的审美观照，实现情感体验，获得审美享受；评价是阅读的升华，在深刻理解的基础上，对作品内容的是非、优劣、美丑进行理智判断、实现价值评估；迁移是阅读的活化，是在理解鉴赏的基础上，跨越到对阅读心得（知识、技能、方法、情感、态度等）的灵活应用。"阅读的外显性表明阅读过程有一系列可见的行为方式"，这些外化动作，体现在读者的躯体及言语运动之中，往往围绕或跟随着大脑"黑箱"的"思读"活动，展开为一个过程。[③] 阅读过程中的心智活动和行为操作是彼此交错、协调运行的，阅读的外化行为不仅受内潜心智活动的支配和调节，而且反过来促进和调节着内部的心智活动。

基于阅读认知理论，移动互联网阅读利用也是一个心理过程，包括

① 曾祥芹：《阅读学新论》，语文出版社 1999 年版，第 182 页。
② 同上书，第 201—202 页。
③ 同上书，第 203—204 页。

感知、理解、记忆、思维、评价等；基于阅读行为理论，移动互联网阅读利用也表现为一些可见的行为过程，包括阅读方法、阅读内容、阅读时间（长）与地点、阅读评价等。与传统纸质阅读、一般网络阅读相比，移动阅读利用行为在阅读内容与方法、环境等方面都具有新的特点。由于移动阅读的环境与终端等的限制，移动阅读利用的方法中，快速浏览、随意看的比例会明显高于仔细阅读，听也会成为一种重要的阅读方法。在阅读内容中，新闻资讯、休闲娱乐信息、社交信息、即时工作与生活信息等时间相关性内容和地理位置、交通路线等位置相关性内容的比例相对较大；用户对经过加工的目录、摘要、综述等内容和小篇幅内容的利用比例要更高；内容载体形式、出版形式更丰富；用户可自定义阅读版式，实现字体更换、内容缩放、灵活排版，可使内容自适应终端屏幕，快速实现版式和流式切换等；用户的阅读时间呈现碎片化，阅读地点经常处于不断的移动状态，包括交通途中（上下班途中、出差或旅游途中）、排队时、等候（人、车、电梯）时、会议与课堂间隙、睡觉前、上厕所时、家中或办公室无聊时。移动阅读利用行为的理论框架如表 6 - 1 所示。

表 6 - 1 　　　　　　　　　　移动阅读利用行为的理论框架

移动阅读利用行为	阅读利用行为的表现
阅读方法	看：快速浏览、随意看、仔细阅读（反复阅读、做笔记、做标注或注释、做标签、思考等）
	听
阅读内容	不同属性的内容（时间相关性内容，如新闻资讯、生活资讯、学习性内容、休闲娱乐内容、专业工作或研究信息、社交信息等；与地理位置相关的信息内容等）
	不同加工层次的内容（目录、摘要、综述等）
	不同载体形式的内容（纯文本、纯图、文本 + 图、漫画、音频、视频、动画）
	不同出版形式的内容（网页、图书、报纸、杂志、电台/音乐歌曲、电影/电视，文本内容的自定义排版与翻页）
	不同篇幅的内容（长篇、短篇）
	是否反对阅读作品中的广告

续表

移动阅读利用行为	阅读利用行为的表现
阅读时间（地点）	阅读时长（每次与每天阅读的时长）
	阅读时间（地点），比如交通途中（上下班途中、出差或旅游途中）、排队时、等候（人、车、电梯）时、会议与课堂间隙、睡觉前、上厕所时、家中或办公室无聊时

第二节　研究方法

以问卷调查法为主，辅以观察、访谈方法。通过实地发放调查问卷和在线发放调查问卷相结合的方式，征集样本数据。

按照表6－1所示的理论框架设计调查问卷初稿，试调查和正式调查过程与第五章的移动阅读寻求行为调查同步进行。调查问卷（详见附录四）的 Cronbach α系数值为0.858，说明调查问卷的信度良好。

本次调查运用 Excel、SPSS 等统计工具对移动互联网用户阅读利用行为的调查数据进行统计，进行描述性分析，同时将调查对象的年龄、性别、学历、职业、收入、所持移动终端等细分特征与问卷中的阅读利用行为指标进行交叉分析，利用卡方检验值判断两者有无明显差异，当 Pearson 卡方 Sig 值 < 0.05 时，说明两者有明显差异，比较、挖掘不同类型移动互联网用户的阅读利用行为的偏好。

第三节　移动阅读利用行为数据分析

一　样本数据

共回收有效调查问卷1805份，其中在线问卷1300份，现场实地调查有效问卷505份。基本信息见表6－2、图6－1。调查对象的年龄以18—40岁为主，共占87.32%；其中，18—25岁的用户占42.44%，26—30岁的用户占21.61%，31—40岁的占23.27%；性别基本均衡；学历以专科、本科、硕士为主，其中专科占13.85%，本科占58.67%，硕士占17.84%；调查对象的职业分布，政府和事业单位人员占20.39%，企业人员占42.66%，学生占26.82%，其他占1.83%；收入

（学生指生活费）分布，1000 元/月以下占 16.12%，1001—2000 元/月占 15.35%，2001—3000 元/月占 10.47%，3001—4000 元/月占 13.41%，4001—5000 元/月占 15.51%，5000 元/月以上占 29.14%。对照中国互联网络信息中心（CNNIC）2014 年 1 月发布的第 33 次《中国互联网络发展状况统计报告》① 和易观智库 2013 年 12 月发布的《2013 年中国移动互联网统计报告》② 的移动互联网用户数据，本次调查的对象具有一定的代表性。

表 6 - 2　　　　　　　　　调查对象的基本情况

人口特征	选项	人数（人）	百分比（%）
年龄	18 岁以下	24	1.33
	18—25 岁	766	42.44
	26—30 岁	390	21.61
	31—40 岁	420	23.27
	41—50 岁	180	9.97
	50 岁以上	25	1.39
性别	男	922	51.08
	女	883	48.92
学历	小学	5	0.28
	初中	21	1.16
	高中/中专	100	5.54
	大专	250	13.85
	本科	1059	58.67
	硕士	322	17.84
	博士	48	2.66

---

① 《中国互联网络发展状况统计报告》（http://www.cnnic.net.cn/hlwfzyj/hlwxzbg/hl-wtjbg/201301/P020140116509848228756.pdf）。

② 《2013 中国移动互联网统计报告》（http://www.eguan.cn/download/zt.php? tid = 1979&rid = 1983）。

续表

人口特征	选项	人数（人）	百分比（%）
月收入	1000 元/月以下	291	16.12
	1001—2000 元/月	277	15.35
	2001—3000 元/月	189	10.47
	3001—4000 元/月	242	13.41
	4001—5000 元/月	280	15.51
	5000 元/月以上	526	29.14

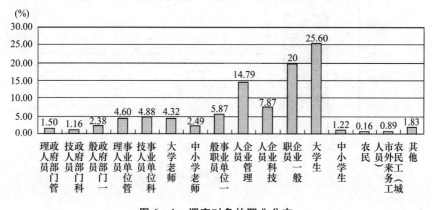

图 6-1 调查对象的职业分布

二 移动阅读利用行为数据与分析

（一）移动阅读利用方法

图 6-2 的数据显示，在移动互联网用户阅读利用的方法中，89.37% 的用户是"快速浏览、随意看"，35.66% 的用户是"仔细读"，14.16% 的用户是"听"。可见，目前以"听"的方式进行阅读的用户还是比较少的，快速浏览是当前移动阅读方法中的主流。同时，也要看到，不少用户在移动阅读时是仔细读的，这说明移动阅读并不天然就是随意式的。进一步的调查数据显示，在"仔细读"的用户中，有

58.60%的用户会反复阅读（见图6-3）。这些反复阅读的用户中平均接触同一篇内容2次的占75.29%，平均接触同一篇内容3次的占22.97%（见图6-4）；当这些用户仔细阅读时，有"做标签"行为的用户占40.55%，"做标注或注释"的占37.14%，"做笔记"的占25.72%（见图6-5）；此外，这些仔细阅读的用户中，还有84.84%的用户"有边阅读边思考或者离开屏幕进行思考的习惯"（见图6-6）。这些数据表明这些"仔细读"的用户在移动阅读过程中的确是比较认真地进行阅读的。

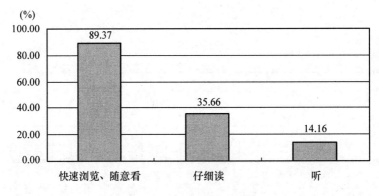

图6-2　移动阅读的方法

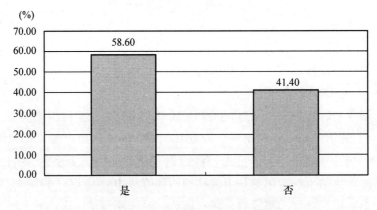

图6-3　仔细阅读时，是否反复阅读

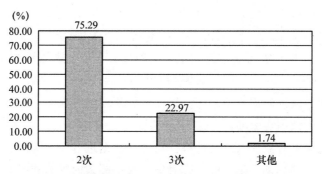

图 6 - 4　反复阅读时，平均接触同一篇内容的次数

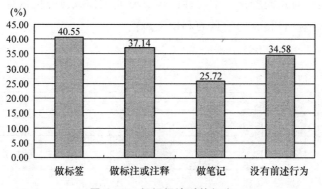

图 6 - 5　仔细阅读时的行为

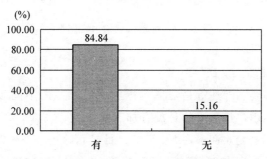

图 6 - 6　仔细阅读时是否有边阅读边思考或离开屏幕进行思考的习惯

（二）移动阅读内容

1. 内容属性

从移动阅读内容的属性看，图 6 - 7 的统计数据显示，移动互联网

用户阅读的最主要内容有新闻资讯（占87.73%）、休闲娱乐内容（占66.22%）、生活资讯（占64.46%），其次是学习性内容（占46.84%），再次是社交信息（占37.97%）、与地理位置相关的信息（占37.67%）、专业工作或研究信息（占34.14%）。可见，当前移动互联网用户阅读的内容以新闻、娱乐等轻阅读内容为主，以学习性、专业性等深阅读内容为辅。

根据调查对象的人口统计特征对调查数据进行交叉统计分析，卡方检验显示不同性别、学历的调查对象在移动阅读内容的利用上存在显著差异，女性用户对休闲娱乐内容、生活资讯的阅读比例高于男性，学历越高的用户对新闻资讯、学习性内容、专业工作或研究性信息、社交信息、与地理位置相关的信息的利用率越高。

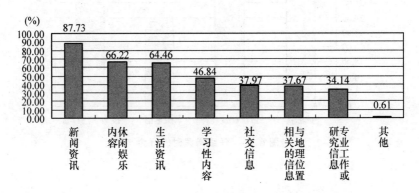

图 6 - 7 **移动阅读的内容属性**

2. 内容的加工层次

目录、摘要、综述等是对阅读内容进行加工的不同形式，图 6 - 8 的数据显示，用户最需要的是没有加工的全文，占 69.62%。在加工的形式中，摘要最受欢迎，占 53.77%，目录和综述（专题缩编）也受到一定的欢迎，分别占 36.63% 和 32.44%。

根据调查对象的人口统计特征对调查数据进行交叉统计分析，卡方检验显示不同年龄、学历的调查对象在不同加工层次的移动阅读内容的利用上存在显著差异，年龄越大的用户利用摘要、综述和目录的比例越高。随着学历的升高，选择目录、摘要、综述的比例先增加后减少，以本科用户最多，说明本科学历的用户更倾向于了解内容概要。

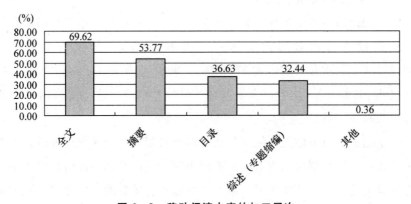

图 6 - 8　移动阅读内容的加工层次

3. 内容的载体形式

从图 6 - 9 的数据可以看出，在用户移动阅读过程中，当前最主要的内容载体形式是文本 + 图（占 74%）；其次是纯文本（占 67.92%）；再次是视频（占 43.62%）、纯图（占 36.15%）、音频（占 27.46%）、漫画（占 21.02%）、动画（占 15.01%）。根据调查对象的人口统计特征对调查数据进行交叉统计分析，卡方检验显示不同学历的调查对象在不同载体形式的移动阅读内容的利用上存在显著差异，学历越高的用户利用纯文本、纯图、纯文本 + 图的比例越高。

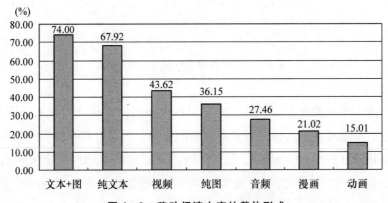

图 6 - 9　移动阅读内容的载体形式

4. 内容的出版形式

从阅读内容的出版形式看，图 6 - 10 的数据显示，用户利用最多的移动阅读内容出版形式是网页（占 87.73%），其次是图书（占 55.71%），再次是杂志（占 37.67%）、电影或电视（占 37.42%）、报纸（占 31.83%）、电台或音乐歌曲（占 29.4%）。这与阅读内容的载体形式基本一致。

根据调查对象的人口统计特征对调查数据进行交叉统计分析，卡方检验显示不同性别的调查对象在不同出版形式的移动阅读内容的利用上存在显著差异。女性在图书、杂志、电台或音乐歌曲、电影或电视方面的选择显著高于男性，说明女性选择的出版形式比较丰富，尤其是喜欢音乐、影视，这也与女性选择休闲娱乐内容和生活资讯的比例高于男性的结论相符。

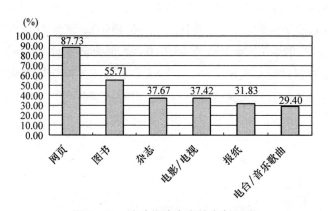

图 6 - 10　移动阅读内容的出版形式

进一步的调查发现，当用户利用客户端阅读软件阅读网页、图书、杂志、报纸等文本内容时对文本内容的排版、翻页方式等有不同的要求与选择。从图 6 - 11 可以看出，当用户利用客户端软件阅读文本内容时，有 67.92% 的人选择"直接使用原文排版进行阅读"，仅有 16.26% 的人选择"常常自设置排版"，还有 15.82% 的人选择"两者都有"。

在少数自设置排版的用户中，其排版内容主要有字体（占60.82%）、亮度（占55.56%）、字号（占55.36%）、横竖排（占44.44%）、背景（占42.69%），见图6-12。

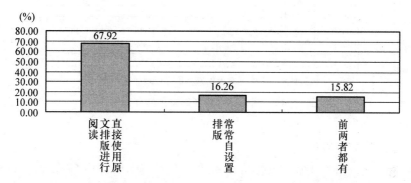

图6-11　利用客户端阅读软件阅读文本内容时使用的排版方式

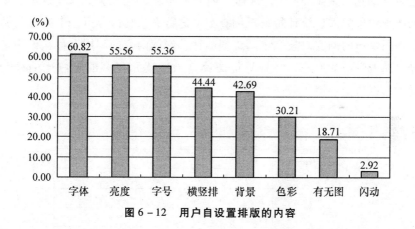

图6-12　用户自设置排版的内容

在阅读文本内容时使用的翻页方式上，88.09%的人选择"触摸翻页"，26%的人选择"按键点击翻页"，只有5.83%的人选择"语音控制翻页"，见图6-13，可见，绝大部分用户进行移动阅读时是触摸翻页，这与智能手机、平板电脑等移动终端的便利快捷的触屏设计有关。

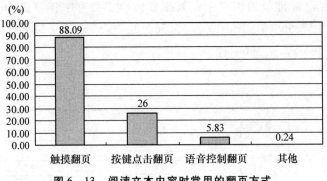

图 6 - 13　阅读文本内容时常用的翻页方式

5. 内容的篇幅

从图 6 - 14 的统计数据可以看出，在对移动阅读内容篇幅的选择上，大部分用户选择"短篇阅读更多"，占 63.67%；选择"长篇阅读更多"的用户占 14.09%；选择"两者差不多"的用户占 22.24%。根据调查对象的人口统计特征对调查数据进行交叉统计分析，卡方检验显示不同学历的调查对象在不同篇幅的移动阅读内容的利用上存在显著差异，随着学历的升高，选择短篇阅读（微阅读）更多的用户比例逐渐增大，以硕士、博士最高。

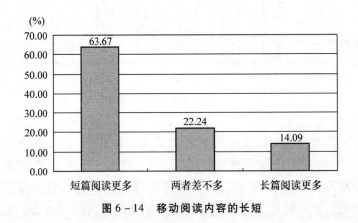

图 6 - 14　移动阅读内容的长短

6. 对移动阅读内容中的广告的态度

在如何对待移动阅读内容中的广告方面，根据图 6 - 15 的统计数据，38.27％的用户态度是"一般"，33.78％的用户态度是"比较反对"，16.95％的用户态度是"非常反对"，8.57％的用户态度是"不太反对"，2.43％的用户态度是"完全不反对"。可见，一半的用户对移动阅读内容中的广告持明确的反对态度，而明确不反对广告的用户只占11％，持中立态度的用户比例也不算低。在持中立和不反对态度的用户中，其可接受的广告形式主要是"设置广告专区（包括移动横幅和展示、待机屏幕广告等）"，占83.11％；其次是"在读物中植入广告"，占25.89％，见图6-16。

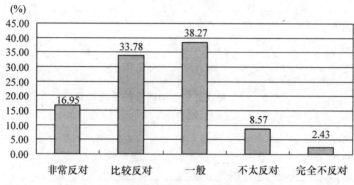

图6-15 对待移动阅读内容中的广告的态度

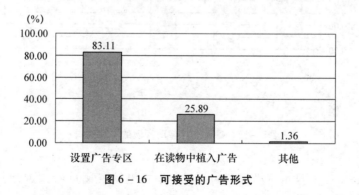

图6-16 可接受的广告形式

（三）移动阅读时间（地点）

图6-17的统计数据显示，用户每次进行移动阅读的平均时长主要分布在11—20分钟（占28.25％）和21—30分钟（占29.71％），其次

为5—10分钟（占12.64%）和31—40分钟（占12.88%），40分钟以上较少。图6-18的统计数据显示，用户每天进行移动阅读的平均时长主要分布在31分钟—1小时（占42.10%），其次是1—2小时（占24.85%）和不超过30分钟（占20.41%），2小时以上较少。

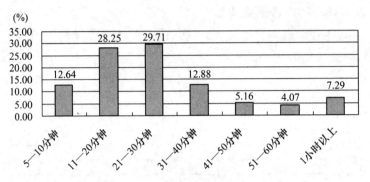

图6-17　每次进行移动阅读的平均时长

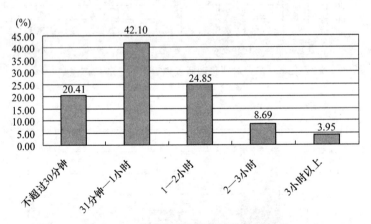

图6-18　每天进行移动阅读的平均时长

图6-19显示了用户利用手机、平板电脑（阅读器）进行移动阅读的时间（地点）分布情况，二者趋势大体一致，时间（地点）主要分布在交通途中（上下班途中、出差或旅游途中）、等候（人、车、电梯）时、家中无聊时、睡觉前。二者也存在区别，除家中无聊时外，其余各时间（地点）手机的利用率均高于平板电脑（阅读器）。并且，

在手机用户中，以交通途中（上下班途中、出差或旅游途中）和等候（人、车、电梯）时利用手机阅读最多；在平板电脑（阅读器）用户中，以家中无聊时、睡觉前利用最多。这说明用户进行移动阅读时，选择手机多于选择平板电脑（阅读器），并且利用手机进行移动阅读多发生在短时间停留的临时性场所，利用平板电脑（阅读器）进行移动阅读多发生在长时间停留的固定场所。根据调查对象的人口统计特征对调查数据进行交叉统计分析，卡方检验显示不同性别、收入的调查对象在利用手机、平板电脑（阅读器）进行移动阅读的时间（地点）上存在显著差异，女性在睡觉前、家中无聊时、等候时、排队时利用手机和平板电脑的比例高于男性，收入越高的用户在交通途中、睡觉前、家中无聊时利用平板电脑的比例越高。

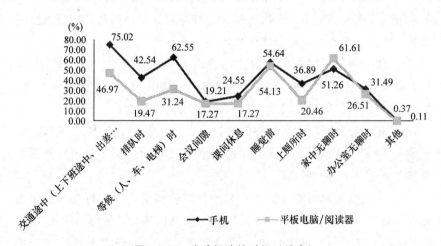

图6-19　移动阅读的时间（地点）

三　结论

总结前述移动阅读利用行为的调查数据分析，可以得出如下结论。

1. 在移动互联网用户阅读利用的方法中，快速浏览是当前移动阅读方法中的主流，也有不少用户在移动阅读时是仔细读的，使用"听"进行阅读的用户还是比较少的。"仔细读"的用户多半会反复阅读，平均接触同一篇内容2次以上；当这些用户仔细阅读时，有"做标签"、

"做标注或注释"、"做笔记"等行为，还有"边阅读边思考或者离开屏幕进行思考的习惯"。

2. 当前移动互联网用户阅读的内容以新闻、娱乐等轻阅读内容为主，以学习性、专业性等深阅读内容为辅。女性用户对休闲娱乐内容、生活资讯的阅读比例高于男性，学历越高的用户对新闻资讯、学习性内容、专业工作或研究性信息、社交信息、与地理位置相关的信息的利用率更高。

3. 在阅读内容的加工形式中，摘要最受欢迎，目录和综述（专题缩编）也受到一定的欢迎。年龄越大的用户利用摘要、综述和目录的比例越高。随学历的升高，选择目录、摘要、综述的比例先增加后减少，以本科用户最多，说明本科学历的用户倾向于了解内容概要。

4. 在用户移动阅读过程中，当前利用最多的内容载体形式是文本＋图，其次是纯文本，再次是视频、纯图等。学历越高的用户利用纯文本、纯图、纯文本＋图的比例更多。

5. 用户利用最多的移动阅读内容出版形式是网页，其次是图书，再次是杂志、电影/电视、报纸、电台/音乐歌曲。女性在图书、杂志、电台/音乐歌曲、电影/电视方面的选择显著高于男性。

6. 在对移动阅读内容篇幅的选择上，大部分用户选择"短篇阅读更多"。随着学历的升高，选择短篇阅读（微阅读）更多的用户数逐渐增加，以硕士、博士最高。

7. 一半的用户对移动阅读内容中的广告持明确的反对态度，而明确不反对广告的用户只占11%，持中立态度的用户比例也不算低。在持中立和不反对态度的用户中，他们可接受的广告形式主要是"设置广告专区（包括移动横幅和展示、待机屏幕广告等）"，其次是"在读物中植入广告"。

8. 用户每次进行移动阅读的平均时长主要分布在11—20分钟和21—30分钟，其次是5—10分钟和31—40分钟。用户每天进行移动阅读的平均时长主要分布在31分钟—1小时，其次是1小时—2小时和不超过30分钟。

9. 用户利用手机、平板电脑/阅读器进行移动阅读的时间（地点）主要分布在交通途中（上下班途中、出差或旅游途中）、等候（人、车、电梯）时、家中无聊时、睡觉前。用户进行移动阅读时，选择手机多于选择平板电脑/阅读器，并且利用手机进行移动阅读多发生在短时间停留的临时性场所，利用平板电脑/阅读器进行移动阅读多发生在长时间停留的固定场所。女性在睡觉前、家中无聊时、等候时、排队时利用手机和平板电脑的比例高于男性，收入越高的用户在交通途中、睡觉前、家中无聊时利用平板电脑的比例更高。

第七章　移动阅读交流行为

　　2008 年以来，社会化网络在国内外快速发展，越来越多的用户利用社会化平台获取和阅读资讯内容，交流阅读心得，形成了社会化阅读现象。谷歌、雅虎、腾讯、网易等互联网巨头纷纷推出自有的社会化阅读应用平台。学术界开始关注社会化阅读，钟雄在《社会化阅读：阅读的未来》[①] 中将社会化阅读等同于社交阅读；王小新探讨了国内外两种社交阅读软件平台的差异以及社交化阅读的特征趋向；[②] 汤雪梅认为社会化阅读拓展了数字出版，介绍了社会化阅读平台的特点；[③] 戴华峰从传播学角度剖析社会化阅读出现的新情况和传播现象。[④] 随着越来越多的互联网用户向移动互联网迁移，基于移动互联网平台的社会化阅读迅速发展，2012 年美国最大的手机社会化阅读平台 Flipboard 发布了基于 iPhone 的中文版应用，国内的 ZAKER、鲜果联播、指阅、无觅、书客等平台纷纷发力社会化移动阅读领域，一些数字出版机构、图书情报机构也都纷纷利用社会化平台拓展移动阅读服务。移动互联网用户阅读交流行为（简称移动阅读交流行为）的特征是改进社会化移动阅读服务的前提和依据，但目前国内外学术界尚缺乏研究社会化移动阅读行为的成果。本章拟在探索移动阅读交流理论模型的基础上，对移动互联网用户的阅读交流行为进行实证分析。

---

　　① 钟雄：《社会化阅读：阅读的未来》，《中国新闻出版报》2011 年 5 月 12 日第 6 版。
　　② 王小新：《浅析移动互联网背景下的社交化阅读》，《新闻世界》2012 年第 2 期。
　　③ 汤雪梅：《蹒跚中前行：2012 年中国数字出版产业发展与趋势综述》，《编辑之友》2013 年第 2 期。
　　④ 戴华峰：《移动互联下社会化阅读研究的三个理论视角》，《中国记者》2011 年第 11 期。

第一节 移动阅读交流行为模型

移动阅读交流行为是指移动互联网用户之间通过移动互联网平台相互交流阅读内容与心得的行为，包括一对一、一对多或多对多的即时、异时交互行为。

阅读学理论认为，在人类交往过程的系统中，阅读是缘文会友的交往过程。[①] 作者创作作品是"为了满足交往的需要，从而也是为了满足表达的需要"。但"任何作品都是个人的一得只见"，"个人的局限性必然带来作品的局限，有待读者的辨析和修正"[②]。阅读是"读者—作品—作者"的双向交流过程。"人们往往把阅读理解为吸收，但在读者的意识活动中，要吸收却必须首先倾吐。"[③] 阅读活动是读者和作者之间通过文本所进行的一场跨时空的对话，是思想撞击火花的伟大的对话。[④]

21世纪初以来，协作信息行为（Collaborative Information Behaviour，CIB）成为学者们关注的焦点。社群环境下，研究者不仅关注单个用户的信息行为，而且关注多个用户之间的信息交互以及这种交互对信息行为及其结果的影响。研究发现，协作信息行为与单用户信息行为同样普遍。协作信息行为理论揭示了信息服务环境中用户之间的交互作用。S. Talja 和 P. Hansen 在文献分析的基础上归纳了图书馆、学术环境、职业环境和日常生活环境这四种不同社会环境下的协作信息行为，并指出，无论哪种环境下，用户都经常通过相互帮助、交流、合作来完成信息查寻任务或解决问题；同时，电子邮件、内联网、视频会议等支持协作的信息技术促进了不同组织之间、学科之间的合作，也为用户协作信息查寻和信息共享提供了更为便利的工具和环境。[⑤] 现有协同信息行为

---

① 曾祥芹：《阅读学新论》，语文出版社1999年版，第185页。

② 同上书，第186页。

③ 同上书，第188页。

④ 同上书，第189页。

⑤ Talja S, Hansen P., "Information Sharing", *New Directions in Human Information Behavior*, Netherlands：Berlin Springer, 2006, pp. 113 – 134.

研究中所探讨的类型可归纳为以下方面：（1）协同内容创作；（2）协同信息质量控制；（3）协同信息查寻与检索；（4）计算机支持的社群信息交流，即 CMC。①

随着虚拟网络社区的出现，阅读的社会化趋势发展很快。所谓社会化阅读是指以读者为核心，强调分享、互动传播的全新阅读模式，它是相对于传统以书为核心，强调内容本身的阅读模式提出来的，它更加注重人基于阅读的社交，倡导共同创造（用户生成内容）、共同传播和共同盈利，在多方位的互动基础上（读者与读者、读者与作者等），实现阅读价值的无限放大。② Nielsen 2012 年社交媒体报告显示越来越多的人使用智能手机和平板电脑接入社交媒体，新社交媒体网站不断出现和变得流行。③ 据 TheNextWeb 调查报告，中国正在迅速成长为一个数字化社会国家，中国拥有超过 5 亿网民，4.2 亿手机网民，社交网站成为网民互相沟通的主要渠道。2012 年，中国人平均每天花费 46 分钟在各类社交网络，中国互联网用户全年累计花费了 1900 万年在社交网络。④ 虽然同为网络终端，但手机用户有着自己的特点，那就是大部分时间都花费在社交上。手机用户 31% 的时间在刷各种社交应用，而 PC 用户只有 18%。⑤ 尤其是年轻人，他们对智能手机的依赖越来越强，用手机上网已成为习惯，社交网站是最常使用的网络功能。

基于阅读交流理论和协作信息行为理论考察移动阅读交流行为，可以发现，移动阅读交流的对象包括作者、出版者、好友、其他读者；交流内容包括给作者提建议、与作者讨论、给出版者提建议，给朋友、其他读者（转）发送摘要、书签、批注、评论、笔记（阅读心得）等；交流平台有基于移动互联网的即时通信工具、微博、博客、微信、SNS

---

① 张薇薇：《社群环境下用户协同信息行为研究述评》，《中国图书馆学报》2010 年第 4 期。

② 钟雄：《社会化阅读：阅读的未来》，《中国新闻出版报》2011 年 5 月 12 日第 6 版。

③ Nielsen：《2012 年社交媒体报告——中文》（http：//www. 199it. com/archives/87161. html）。

④ Chinese Internet users spent approximately 19m y（http：//www. iknowing. com/iknowing/note/106967518919151. html）。

⑤ How Are Smartphone and PC Internet Users Different?（http：//www. emarketer. com/Article. aspx？R = 1009589）。

社交网站、论坛社区等公共交流社区和专门阅读社区；交流方法有聊天讨论、关注或收看收听（通过关注和粉丝的方式建立不同博主之间的联系）、上传（文档、图片、音频、视频等）、发表日志心情、发表摘录、发表评论、发表笔记、转发、推荐（以赞或喜欢或顶或反对、资源推荐等方式）、批注、标签等；一些用户在完成移动阅读交流后还有延伸行为，比如访问相应网站、访问社区网站上的相关网页、根据阅读内容订阅相关阅读服务、购买（零购或订购）纸质版、通过广告购物等。表7-1是移动阅读交流行为的理论框架。

表7-1　　　　　　　　**移动阅读交流行为的理论框架**

移动阅读交流行为	移动阅读交流行为的表现
交流平台	公共社区（即时通信工具、微博、博客、微信、SNS社交网站、论坛社区、问答网站等）、专门阅读社区
交流对象	作者、出版者、好友、其他读者
交流内容	与作者、出版者交流（评论、提建议等） 与好友、其他读者交流（摘要、标签、批注、评论、阅读笔记等）
交流方法	聊天讨论、关注或收看收听（通过关注和粉丝的方式建立不同博主之间的联系）、上传（文档、图片、音频、视频等）、发表日志心情、发表摘录、发表评论、发表阅读笔记、转发、推荐（以赞或喜欢或顶或反对、资源推荐等方式）、批注、标签等
交流后延伸行为	查询了解相关知识、访问相关链接网站、根据相关内容订阅相关阅读服务、购买纸质版读物、通过广告购物、在线下继续与人交流等

第二节　研究方法

以问卷调查法为主，辅以观察、访谈方法。通过实地发放调查问卷和在线发放调查问卷相结合的方式，征集样本数据。

按照表7-1所示的理论框架设计调查问卷初稿，试调查和正式调查过程与第五章的移动阅读寻求行为调查、第六章的移动阅读利用行为调查同步进行。调查问卷（详见附录五）的 Cronbach α系数值为0.712，说明调查问卷的信度良好。

本次调查运用 Excel、SPSS 等统计工具对移动互联网用户阅读交流行为的调查数据进行统计，进行描述性分析，同时将调查对象的年龄、性别、学历、职业、收入、所持移动终端等细分特征与问卷中的阅读交流行为指标进行交叉分析，利用卡方检验值判断两者有无明显差异，当 Pearson 卡方 Sig 值 < 0.05 时，说明两者有明显差异，比较、挖掘不同类型移动互联网用户的阅读交流行为的偏好。

第三节　移动阅读交流行为数据分析

一　样本数据

共回收有效调查问卷 1682 份，其中在线问卷 1200 份，现场实地调查有效问卷 482 份。基本信息见表 7-2、图 7-1。调查对象的年龄以 18—40 岁为主，共占 88.12%；其中，18—25 岁的用户占 39.48%，26—30 岁的用户占 24.38%，31—40 岁的用户占 24.26%；性别基本均衡；学历以专科、本科、硕士为主，其中专科占 15.22%，本科占 62.01%，硕士占 13.97%；调查对象的职业分布，政府和事业单位人员占 25.98%，企业人员占 46.13%，学生占 24.85%，其他占 3.03%；收入（学生指生活费）分布，1000 元/月以下占 13.67%，1001—2000 元/月占 15.1%，2001—3000 元/月占 10.58%，3001—4000 元/月占 15.04%，4001—5000 元/月占 16.23%，5000 元/月以上占 29.37%。对照中国互联网络信息中心（CNNIC）2014 年 1 月发布的第 33 次《中国互联网络发展状况统计报告》① 和易观智库 2013 年 12 月发布的《2013 年中国移动互联网统计报告》② 的移动互联网用户数据，本次调查的对象具有一定的代表性。

---

① 《中国互联网络发展状况统计报告》（http：//www.cnnic.net.cn/hlwfzyj/hlwxzbg/hlwtjbg/201301/P020140116509848228756.pdf）。

② 《2013 中国移动互联网统计报告》（http：//www.eguan.cn/download/zt.php? tid = 1979&rid = 1983）。

表 7 - 2　　　　　　　　　　　　　调查对象的基本情况

人口特征	选项	人数（人）	百分比（%）
年龄	18 岁以下	24	1.43
	18—25 岁	664	39.48
	26—30 岁	410	24.38
	31—40 岁	408	24.26
	41—50 岁	151	8.98
	50 岁以上	25	1.49
性别	男	880	52.32
	女	802	47.68
学历	小学	4	0.24
	初中	24	1.43
	高中/中专	88	5.23
	大专	256	15.22
	本科	1043	62.01
	硕士	235	13.97
	博士	32	1.9
月收入	1000 元/月以下	230	13.67
	1001—2000 元/月	254	15.10
	2001—3000 元/月	178	10.58
	3001—4000 元/月	253	15.04
	4001—5000 元/月	273	16.23
	5000 元/月以上	494	29.37

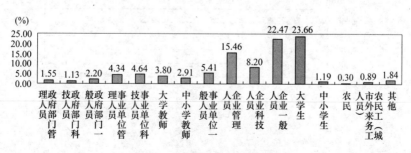

图 7 - 1　调查对象的职业分布

二 移动阅读交流行为数据与分析

(一) 移动阅读交流的整体情况

根据图 7-2 的统计数据，76.75% 的调查对象与别人分享、交流过移动阅读内容，23.25% 的调查对象没有与别人分享、交流过移动阅读内容。从中可以看出大部分使用移动阅读的人都会与别人分享、交流移动阅读的内容。图 7-3 的统计数据揭示了少数用户不进行阅读分享与交流的原因，其中，"喜欢一个人安静地阅读"是主要原因，占 87.43%；其次是"觉得与人交流没有多大价值"(16.12%)。

根据调查对象的人口统计特征对调查数据进行交叉统计分析，卡方检验显示不同年龄、学历、收入的调查对象在是否进行移动阅读交流上存在显著差异。26—30 岁、本科学历的用户移动阅读交流的比例最高 (见表 7-3 和表 7-4)，收入越高的用户交流比例越高 (见表 7-5)。

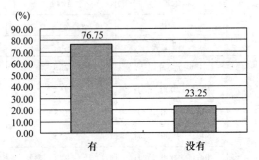

图 7-2 与别人分享、交流过移动阅读内容的情况

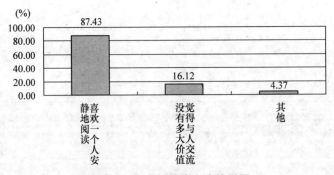

图 7-3 不进行阅读交流的原因

表 7 - 3   不同年龄用户阅读交流情况

年龄	有阅读交流（%）	无阅读交流（%）
18 岁及以下	54. 17	33. 33
18—25 岁	71. 39	22. 29
26—30 岁	82. 44	12. 68
31—40 岁	69. 36	25. 25
41—50 岁	60. 26	31. 79
50 岁以上	36. 00	28. 00

表 7 - 4   不同学历用户阅读交流情况

学历	有阅读交流（%）	无阅读交流（%）
小学	50. 00	25. 00
初中	41. 67	37. 50
高中	68. 18	21. 59
专科	69. 92	19. 14
本科	75. 55	19. 27
硕士	64. 68	31. 06
博士	53. 13	43. 75

表 7 - 5   不同收入用户阅读交流情况

收入	有阅读交流（%）	无阅读交流（%）
1000 元/月以下	65. 22	26. 09
1001—2000 元/月	73. 23	21. 65
2001—3000 元/月	69. 10	20. 79
3001—4000 元/月	69. 57	21. 74
4001—5000 元/月	73. 63	20. 15
5000 元/月以上	75. 30	21. 05

（二）移动阅读交流平台

移动阅读交流的平台包括公共社区和专门阅读社区。表 7 - 6 的统计数据显示，即时通信工具（QQ、微信等）和微博是当前最受欢迎的移动阅读交流公共社区，分别占 87.91%、70.12%；其次是 BBS 论坛社区（占 24.92%）、博客（占 18.54%）、SNS 社交网站（占 16.06%）。表 7-7 的统计数据显示，在专门阅读社区中，腾讯、新浪、中国移动、百度的阅读平台最受欢迎，分别占 40.89%、32.95%、32.12%、31.04%；接下来是豆瓣读书（占 21.27%）、天涯社区（占 19.21%）、搜狐（占 18.38%）与网易（占 15.31%）的阅读平台、91 熊猫看书（占 12.83%）、猫扑（占 12.17%）等专门阅读社区。相比之下，公共社区比专门阅读社区的利用率更高，更受移动阅读用户的欢迎；在专门的阅读社区中，腾讯、新浪、百度等传统互联网门户和中国移动手机阅读是影响力相对较大的阅读交流平台。

表 7-6　　　　　　　　移动阅读交流的公共社区

公共社区	使用比例（%）
即时通信工具（QQ、微信等）	87.91
微博	70.12
BBS 论坛社区	24.92
博客	18.54
SNS 社交网站	16.06
问答网站	7.28
其他公共社区	2.15

表 7-7　　　　　　　　移动阅读交流的专门社区

专门社区	使用比例（%）	专门社区	使用比例（%）
腾讯的阅读平台	40.89	中国联通沃阅读	5.38
新浪的阅读平台	32.95	盛大的阅读平台	4.80
中国移动手机阅读	32.12	掌阅	3.89
百度的阅读平台	31.04	ZAKER	3.23
豆瓣读书	21.27	多看阅读	2.65
天涯社区	19.21	超星	2.57
搜狐的阅读平台	18.38	鲜果	2.48

续表

专门社区	使用比例（%）	专门社区	使用比例（%）
网易的阅读平台	15.31	VIVA	2.40
91 熊猫看书	12.83	方正的阅读平台	2.32
猫扑	12.17	Flipboard 中文版	2.24
中国电信天翼阅读	9.93	书客	1.99
3G 门户的阅读平台	8.20	掌讯通	1.66
中文在线	7.37	掌媒	1.08
百阅	6.71	无觅	0.66

（三）移动阅读的交流对象

移动阅读交流的对象包括读者（好友与其他读者）、作者与出版者。数据统计（见图 7-4）显示，移动阅读用户交流最多的对象是自己的好友，占 84.52%；其次是其他读者（占 29.88%）和作者（占 25.58%）；与出版者的交流较少，只占 9.60%。

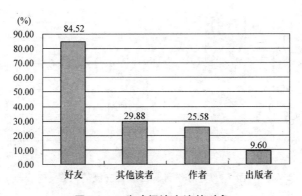

图 7-4　移动阅读交流的对象

（四）移动阅读交流的内容

根据图 7-5 的统计数据，移动阅读用户与好友、其他读者交流的内容中，最多的是评论"占 83.44%"；其次是摘要"占 42.52%"；再次是阅读笔记（占 21.75%）、标签（占 20.86%）、批注（占 8.42%）

等。在与作者、出版者交流的内容中，评论也是最多的，占 95.95%；其次是提建议，占 47.69% 等，见图 7 - 6。总的看来，不管与谁交流，评论都是交流最多的内容。

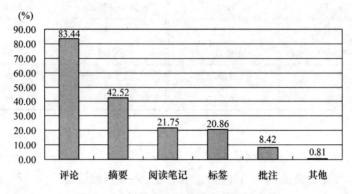

图 7 - 5　与好友、其他读者交流的内容

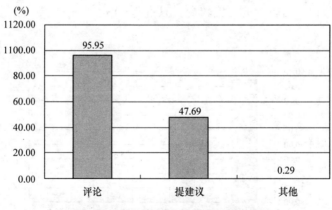

图 7 - 6　与作者、出版者交流的内容

（五）移动阅读交流的方法

图 7 - 7 的统计数据显示，移动阅读交流方法中，被使用最多的是聊天讨论，占 73.26%；其次是发表评论，占 60.1%；再次是转发（占 49.42%）、发表日志心情（占 43.05%）、关注或收看收听（占 38.41%）、上传（占 35.02%）、推荐（占 31.21%），其他还有发表摘

录（占 20.78%）、发表阅读笔记（占 18.71%）、标签（占 10.60%）、批注（占 5.05%）。

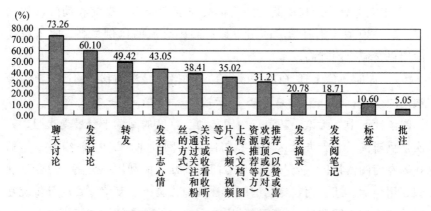

图 7－7　移动阅读交流的方法

（六）移动阅读交流后的延伸行为

从图 7－8 的统计数据可以看出，移动阅读交流后延伸行为中，最多的是查询、了解相关知识，占 75.33%；其次是访问相关链接网站，占 59.02%；再次是根据阅读内容订阅相关阅读服务（占 35.93%）、在线下继续与人交流（占 32.45%）、购买纸质出版物（占 22.27%）、通过广告购物（占 12.5%）等。

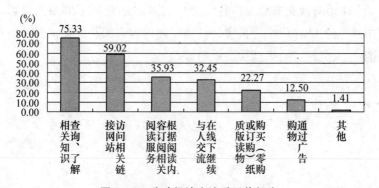

图 7－8　移动阅读交流后延伸行为

三　结论

总结前述移动阅读交流行为的调查数据分析，可以得出如下结论。

1. 大部分使用移动阅读的人都会与别人分享、交流移动阅读的内容。26—30 岁、本科学历的用户移动阅读交流的比例最高，收入越高的用户交流比例越高。

2. 即时通信工具（QQ、微信等）和微博是当前移动阅读交流最受欢迎的公共社区，其次是 BBS 论坛社区、博客、SNS 社交网站。在专门阅读社区中，腾讯、新浪、中国移动、百度的阅读平台最受欢迎，其次是豆瓣读书、天涯社区、搜狐与网易的阅读平台、91 熊猫看书、猫扑等专门阅读社区。公共社区比专门阅读社区的利用率更高，更受移动阅读用户的欢迎；而在专门的阅读社区中，腾讯、新浪、百度等传统互联网门户和中国移动手机阅读是影响力相对较大的阅读交流平台。

3. 移动阅读用户交流最多的对象是自己的好友，其次是其他读者和作者；与出版者的交流较少。

4. 移动阅读用户与好友、其他读者交流的内容中，最多的内容是评论，其次是摘要，再次是阅读笔记、标签、批注等。在与作者、出版者交流的内容中，评论也是最多的，其次是提建议。

5. 移动阅读交流方法中，使用最多的是聊天讨论，其次是发表评论，再次是转发、发表日志心情、关注或收看收听、上传、推荐，其他还有发表摘录、发表阅读笔记等。

6. 移动阅读交流后延伸行为中，最多的是查询了解相关知识，其次是访问相关链接网站，再次是根据阅读内容订阅相关阅读服务、在线下继续与人交流、购买纸质出版物等。

第八章 移动阅读行为中的沉迷现象

移动阅读具有便携性、内容多样性，在带给用户便利的同时，也带来部分负面的影响，催生出一批"低头族"。越来越多的用户，特别是年轻用户不分时间、场合，不管当前任务的轻重缓急，一味沉迷于移动阅读，形成一种令人担忧的社会现象。澳大利亚 McCan 和 Macquarie 大辞典甚至联手创造一个新词"phubbing"（意为低头看手机冷落他人）来形容这种现象，并且发起一系列的"stop phubbing"运动。[①]

越来越多的年轻用户沉迷于移动阅读，不仅无助于青少年养成良好的阅读习惯，也不利于他们的学习和社交，甚至会对生活造成恶劣影响，年轻人在交通行走中进行移动阅读导致的交通事故频频发生，严重者甚至失去生命。[①]研究青少年在移动阅读行为中的沉迷现象，并制定相应的措施进行适当的引导，可以提高青少年的移动阅读素养，促使其培养良好的阅读习惯。目前学术界相关的研究重在手机依赖整体现象，关注移动阅读行为中沉迷现象的研究成果尚未见报道。移动阅读用户以 21—30 岁用户为主，[②] 大学生是这一年龄段的代表性群体，研究大学生的移动阅读沉迷现象，有助于了解年轻用户移动阅读沉迷现象的概貌。本章以南京地区大学生为例，使用实证方法研究大学生移动阅读的沉迷程度及特点，分析沉迷行为背后的原因，并提出相应的引导措施。

---

① 钱玮珏：《低头族，请小心！》，《南方日报》2013 年 12 月 12 日第 B05 版。
② 易观智库：《中国移动阅读产业研究报告 2013》（http://www.enfodesk.com/SMinisite/maininfo/meetingdetail – id – 102. html）。

第一节 研究方法

以问卷调查法为主，辅以观察、访谈方法。通过实地发放调查问卷和在线发放调查问卷相结合的方式，征集样本数据。通过观察法，了解大学生移动阅读沉迷现象发生的时间段、地点、场合以及外在的行为特征。对部分大学生进行实地访谈和在线访谈，了解他们沉迷于移动阅读的原因和体验以及对于如何解决沉迷问题的思考。

（一）调查问卷设计

移动阅读沉迷是手机成瘾的表征之一。本研究借鉴手机成瘾行为研究的相关成果，分析参考文献中量表的设计维度、每个维度包含的因子（见表 8 - 1），对出现的各种维度、因子、影响因素进行鉴别、比较和分类，最终构建出适用于研究移动阅读沉迷现象的调查量表维度（见表 8 - 2）。

表 8 - 1   手机成瘾研究文献中提及的量表维度、因子及影响因素

序号	文献中量表的维度设计
1	从行为（心理）耐受性、行为（心理）戒断性、社会功能和生理反应四个维度编制问卷①
2	从戒断性、凸显性、强迫性、神经性四个维度编制大学生手机依赖问卷②
3	从戒断性、强迫性、神经性、凸显性、联接性五个维度编制大学生手机依赖问卷③
4	从失控性、戒断性、逃避性、低效性四个维度编制大学生手机依赖问卷，认为个人因素、朋辈因素、家庭因素、社会因素是影响手机使用的因素④

① 徐华、吴玄娜、兰彦婷等：《大学生手机依赖量表的编制》，《中国临床心理学杂志》2008 年第 1 期。

② 杜立操、熊少青：《大学生手机依赖状况调查及干预对策研究》，《四川教育学院学报》2009 年第 7 期。

③ 邵蕾蕾、林恒：《大学生手机依赖问卷的编制》，《社会心理科学》2010 年第 9—10 期。

④ 胥鉴霖、王泗通：《大学生手机依赖现状调查探究——以 HH 大学 J 小区为例》，《电子测试》2013 年第 7 期。

续表

序号	文献中量表的维度设计
5	从戒断症状、渴求性和身心效应三个维度编制青少年手机使用依赖自评问卷①
6	与家人的接触、与社会公共场合的接触、与同伴的接触是影响手机使用的主要社会因素②
7	内外向、自尊水平、神经质、年龄、性别是影响手机使用问题的主要因素③
8	从禁止性使用或危险性使用、经济问题、依赖症状三个方面编制"问题性手机使用问卷"④
9	"手机成瘾指数量表"包括四个因子，分别为无法控制的渴望、焦虑和迷茫、戒断和逃避、效率低下⑤

经过对手机成瘾观察维度的比较、分析、归纳，并根据对高校学生访谈的结果，本研究从移动阅读目的、行为和效果等方面选择动机性、过度性、强迫性、凸显性、病态性、低效性等六个维度，作为设计移动阅读沉迷现象调查量表的维度（见表 8 - 2），并进一步细化设计调查问题。

表 8 - 2　　　　　　　　移动阅读沉迷现象调查问卷的维度

维度	解释
动机性	指用户使用移动阅读想要达到的目的
过度性	指用户在移动阅读上花费大量时间而不能自控

①　陶舒曼、付继玲、王惠等：《青少年手机使用依赖自评问卷编制及其在大学生中的应用》，《中国学校卫生》2013 年第 1 期。

②　Ito M. , Daisuke O. , Mobile phones：Japanese youth and the replacement of social contact（http：//www. itofisher. com/PEOPLE/mito/mobileyouth. pdf）.

③　Bianchi. , *Mobile Phone Research*：*Summary of the Findings of the Research*，International Handbooks on Information Systems，2008，pp. 67 - 77.

④　Billieux, J. , Vander Linden, M. , Rochat, L. , "The role of impulsivity in actual and problematic use of the mobile phone"，*Applied Cognitive Psychology*，Vol. 22，No. 9，2008.

⑤　Leung, L. , "Linking Psychological Attributes to Addiction and Improper Use of the Mobile Phone Among Adolescents in Hong Kong"，*J Children Media*，Vol. 2，No. 2，2008.

续表

维度	解释
强迫性	指难以自拔的对移动阅读的使用渴望与冲动
凸显性	指用户的思维、情感和行为都被移动终端所控制，对移动阅读的使用成为其主要活动
病态性	指移动阅读用户一旦离开手机会产生焦虑、迷茫、失落、挫败的情绪
低效性	指过度的移动阅读行为影响到日常生活、学习的效率

调查问卷分为两部分，主体部分是调查题项，采用李克特量表，按五点评分，从完全不符合到完全符合依次计 1 分、2 分、3 分、4 分和 5分，得分越高表示沉迷程度越严重。另一部分对调查对象的性别、年龄、学历、专业、学校等基本特征信息进行采集。2013 年 12 月，笔者首先在南京农业大学进行小范围调查测试，根据调查反馈意见对调查问卷进行修改，调查问卷有较好的内容效度。试调查问卷的 Cronbach α系数值为 0.871，正式调查问卷（详见附录六）的 Cronbach α系数值为0.880，说明调查问卷的信度良好。

（二）调查抽样与实施

本次调查的实施时间为 2014 年 3 月，调查对象为南京地区高校学生，采用现场访谈和在线调查的方法。调查抽样在南京多所高校进行，包括南京大学、河海大学、南京农业大学、南京师范大学、南京审计学院、南京中医药大学、南京信息工程大学以及滨江学院、南京信息职业技术学院、南京特殊教育职业技术学院等，共回收问卷 342 份，有效样本 330 份。学生性别（男性占 50.09%，女性占 49.91%）基本均衡，学历覆盖博士研究生（占 9.09%）、硕士研究生（占 17.27%）、本科生和三本院校的学生（占 53.33%）以及大专院校的学生（占20.3%）；专业包括文科（占 35.15%）、理科（占 25.45%）、工科（占 9.39%）、农学（占 10.45%）、医学（占 6.52%）、管理学（占13.03%）等，获取的样本具有一定的代表性。

第二节　数据分析

一　沉迷现象总体情况

参考手机依赖研究文献对手机依赖程度的判断标准,[1][2] 笔者将高校学生移动阅读沉迷程度分成严重沉迷、中度沉迷、轻度沉迷和零沉迷，均分 >4.0 分的为严重沉迷，$3.0 <$ 均分 $\leqslant 4.0$ 分的为中度沉迷，2.0 分 $<$ 均分 $\leqslant 3.0$ 分的为轻度沉迷，均分 $\leqslant 2.0$ 分的为零沉迷。

调查数据统计表明，高校学生移动阅读沉迷现象的量表平均分为 2.79 分，属于轻度沉迷，这说明高校学生中移动阅读沉迷现象是普遍存在的。

根据均分对调查样本进行分级汇总，得出以下结果：在 330 份有效样本中，属于严重沉迷程度的有 15 人（占 4.55%），中度沉迷程度的有 91 人（占 27.58%），轻度沉迷程度有 179 人（占 54.24%），45 人基本没有沉迷问题（占 13.63%），如图 8-1 所示。

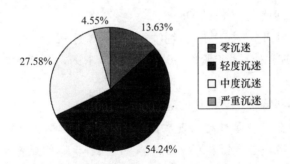

图 8-1　高校学生移动阅读沉迷程度

二　沉迷现象具体表现

调查问卷中的 13 个调查指标从不同角度测量移动阅读行为中的沉迷现象，根据每个调查指标统计数据的均分，达到中度沉迷程度的移动阅

①　宫佳奇、任玮：《兰州市高校大学生手机依赖状况分析》，《新闻世界》2009 年第 10期。

②　旷洁：《媒介依赖理论在手机媒体环境下的实证研究》，《新闻知识》2013 年第 2 期。

读行为包括"无聊时总是用手机、平板电脑等阅读消遣"（均分3.68），"用手机、平板电脑等阅读时，只关注新闻等即时资讯，或娱乐八卦、小说等娱乐内容，或微博、微信、QQ、社交网站等社交信息"（均分3.59），"移动阅读的目的纯粹是娱乐，打发时间"（均分3.33）。

达到轻度沉迷程度的移动阅读行为表现包括："自习的时候常常会拿出手机、平板电脑等来阅读"（均分2.96），"每天花在手机、平板电脑等移动阅读上的时长达2个小时以上"（均分2.96），"因为移动阅读，眼睛常常很累，视力下降明显"（均分2.95），"上课的时候，不管课程内容好不好，常会拿出手机、平板电脑等阅读"（均分2.75），"移动阅读已给我的学习、生活、社交等带来了负面影响"（均分2.62），"（聚餐、聚会社交等）集体活动的时候，常会旁若无人地拿出手机、平板电脑等来阅读"（均分2.6），"开会的时候，不管会议内容是否重要，常会拿出手机、平板电脑等来阅读"（均分2.35），"每次阅读觉得需要花更多的时间在手机、平板电脑上才能得到满足"（均分2.32），"在路上走的时候，或骑（开）车的时候，常会拿出手机、平板电脑等来阅读"（均分2.08）。

只有一项调查指标"有要紧事时，宁愿拿着手机、平板电脑等来阅读，也不愿意处理其他一些更紧迫的事"的均分为1.99，属于零沉迷。

三 不同特征用户群体的沉迷行为差异

从总体上看，通过对调查数据进行均分比较和单因素方差分析发现，不同年龄段、学历、专业的大学生沉迷程度有明显差异。从低年龄段到高年龄段，沉迷程度逐渐降低（见表8-3）。从低学历到高学历，沉迷程度逐渐降低（见表8-4）。不同专业之间，文科学生的沉迷程度比理科、工科、农科、医科高（见表8-5）。

表8-3　　不同年龄大学生的移动阅读沉迷行为差异

年龄	均分	人数	标准差
18—22 岁	2.850	209	0.701
23—25 岁	2.762	88	0.681
26—30 岁	2.433	33	0.715
总计	2.785	330	0.706

表 8 - 4　　　　　不同学历大学生的移动阅读沉迷行为差异

学历	均分	人数	标准差
专科生	2.933	67	0.628
本科生	2.866	176	0.701
硕士研究生	2.580	57	0.733
博士研究生	2.366	30	0.627
总计	2.785	330	0.706

表 8 - 5　　　　　不同专业大学生的移动阅读沉迷行为差异

专业	均分	人数	标准差
文科	2.897	116	0.693
理科	2.780	84	0.720
工科	2.737	31	0.664
农科	2.503	51	0.673
医科	2.692	5	0.590
其他	2.869	43	0.730
总计	2.785	330	0.706

对 13 项具体沉迷表现的调查数据进行均分比较和单因素方差分析发现，三个达到中度沉迷的移动阅读行为表现基本不受性别、年龄、学历、专业等个体特征的影响；其他的沉迷表现都或多或少受到个体特征的影响，不同特征群体的移动阅读沉迷程度有明显的差异。不同年龄段、学历、专业的大学生在这些具体表现方面的沉迷程度差异与总体差异基本一致，基本都是从低年龄段到高年龄段，从低学历到高学历，沉迷程度逐渐降低；文科学生的沉迷程度比理科、工科、农科、医科高。而受不同性别特征影响的具体沉迷行为，其差异基本都表现为男性的沉迷程度明显高于女性。

第三节　讨论

前文的抽样调查数据统计显示，高校大学生移动阅读行为中普遍存在着沉迷现象，其中，男性学生、文科专业学生、年龄越小、学历越低的大学生越易沉迷于移动阅读。这说明，尽管移动阅读带来了前所未有的信息便利，但同时也伴生了一些新问题，移动阅读沉迷现象便是其中之一。由此看来，移动阅读服务机构、高校以及相关政府管理部门都需要对大学生移动阅读沉迷现象的成因进行分析，制定有针对性的引导措施，有效防止大学生沉迷于移动阅读，提高大学生的移动阅读素养，使移动阅读成为有助于大学生学习和生活的正能量。

一　移动阅读沉迷现象的成因

笔者认为，大学生移动阅读沉迷现象背后，有读者自身的内在原因，也有移动终端和服务商等外部原因。

（一）读者自身的内在原因

任何现象的产生都是由外在的原因和内在的本质所决定的，大学生读者容易沉迷于移动阅读，是有其内在原因的，比如对虚拟环境的依赖强、辨别能力低、自我控制管理能力差等。

当代大学生是在信息资讯中长大的一代，由于是独生子女，他们大多在缺少同伴的环境中长大，现实中与他人缺乏沟通与交流，常常感觉孤独、耐挫性差。移动互联网为他们提供了随时随地与他人沟通的途径，当他们在现实中受挫时，就会转向网络，在网络上寻找友谊和满足，久而久之，移动终端就成了他们必不可少的伙伴——宁愿在移动终端上寻找慰藉，也不愿意面对现实。

同时，由于大学生年轻，对所阅读内容的辨别能力还不高，网络上的一些作品，比如玄幻、武侠、言情小说、娱乐资讯等，读来不费劲还能够给人带来愉快、新鲜的体验，大学生极易将无法实现的理想、无法摆脱的苦闷移情到作品的角色身上，从而释放自己的情感和苦闷。

此外，部分大学生缺乏自我管理，很容易沉迷于移动阅读。他们虽然有学习计划和安排，可由于自我管理能力弱，一旦离开师长的监督，就会被网络上的内容吸引，沉迷其中。

（二）移动阅读服务方面的原因

在移动阅读沉迷现象的外部原因中，移动终端的便利体验和服务商的诱导是不可忽视的。

相比于传统纸本阅读、网络阅读，移动终端给读者带来了新的功能与体验。保罗·莱文森①在补偿性媒介理论中指出："每一种新媒介的产生都是对过去的某一种媒介或某一种先天不足功能的补救和补偿。媒介的进化是人选择的结果，更好地满足人的需要的媒介被保留下来。"移动阅读终端具有信息容量大、轻便、易携带等特点，强化个性化、社交化、智能化等功能，能进一步提升用户体验，更好地满足用户的个性化、互动化和智能化需求。"具备不同个人特质的网络使用者会受到不同的网络功能特性所吸引而产生不同的网络成瘾形态。"② 移动终端的便利会导致读者对手机等移动终端产生依赖。

服务商利用沉浸理论诱导读者也是重要的外部原因。大学生年轻、好奇，喜欢新鲜、刺激、好玩、能激发他们兴趣和潜能的事物。移动阅读服务商投其所好，在进行产品开发和营销的过程中，尽量提供满足大学生需求的产品和服务，这些产品与服务都具有让用户沉浸的特点。早期的沉浸理论提出者认为："挑战和技巧是影响沉浸的主要因素"③，后来的研究者提出以下两个沉浸的主要特征：在活动中完全专注（concentration）和活动中被引导出来的心理享受（enjoyment）。④ 在网络使用行为中，阅读也是最容易进入沉浸状态的活动之一。移动阅读服务商利用沉浸理论诱导读者，提供碎片化、浅显性的娱乐性内容，以多媒体、游戏化呈现的方式，满足读者心理，使读者沉浸其中而无法自拔。

---

① ［美］保罗·莱文森：《数字麦克卢汉》，何道宽译，社会科学文献出版社2001年版，第254—255页。

② 吴增强、张建国：《青少年网络成瘾预防与干预》，上海教育出版社2007年版，第37—38页。

③ Csikszentmihaly, M. , *Beyond Boredom and Anxiety*, Jossey - Bass, 1975.

④ Ghani, J. A. , Deshpande, S. P. , "Task Characteristics and the Experience of Optimal Flow in Human—computer Interaction", *The Journal of Psychology*, Vol. 128, No. 4, 1994.

二 避免移动阅读沉迷现象的举措

面对大学生移动阅读行为中的沉迷现象，一方面，需要每个大学生加强自我阅读管理，提高阅读素养；另一方面，需要全社会加强对大学生移动阅读的引导。

（一）大学生应努力提高移动阅读素养

移动阅读是一种新的阅读模式，如何正确认知并利用是用户移动阅读素养的重要表现。阅读素养，既包括用户先天某些与阅读有关的解剖生理特点以及由此形成的心理现象，又包括用户在后天阅读实践中产生的修习与涵养。[①] 阅读素养的形成是个长期的过程，需要用户在与阅读客体的互动中，发挥自身的主观能动性，理解、运用阅读对象，形成新的认知结构和良好的阅读行为方式，最终使自身的阅读素养得到提升。

大学生可以通过提升自我管理来解决移动阅读沉迷问题。首先要形成正确的认知，认识到沉迷于移动阅读对于学习、生活甚至生理的负面影响，在阅读行为中进行必要的自我管理，理性应用移动阅读。比如加强移动阅读的计划性，安排相对固定的时间段进行移动阅读，利用课间、等人、休息的碎片化时间阅读，晚上 11 点后不再使用手机，限制手机应用的推送和通知；控制每天用于移动阅读的时长，每次阅读的中间要适当休息，保护眼睛。当学习任务繁重或有重要的事情需要处理却产生移动阅读的欲望时，可通过转移注意力或与其他同学互相提醒、监督等方式进行自我管控。在上课、自习、开会以及与其他同学、朋友聚会时，将手机关闭或有意识地提醒自己坚持不看手机。对阅读的内容有所选择，兼顾阅读的广度与深度，尽量选择有营养的、有助于提高人生体验的知识性、艺术性强的读物。在阅读的过程中要注意排除干扰，集中精力，吸取养分，对重要的内容要仔细阅读以保证移动阅读的有效性。

（二）加强对大学生移动阅读的引导

高校的学生工作部门、图书馆和教师应通过宣传、教育、考评等各种方式引导大学生正确利用移动阅读，帮助他们建立合适的阅读策略。

---

① 曾祥芹、韩雪屏：《阅读学原理》，大象出版社 2002 年版，第 229 页。

应定期或不定期地了解其移动阅读的情况，重点关注低年龄、低学历、文科专业和男性学生，针对有沉迷问题的学生进行适当的心理辅导和干预。图书馆可以为大学生提供、推荐优质的移动读物，用更好的内容吸引大学生，推动他们走出移动阅读沉迷的怪圈，促使他们走上正常的学习和生活轨道。新闻媒体可以通过新闻报道、典型案例等形式宣传移动阅读沉迷的害处，引导大学生努力提高移动阅读素养。

（三）加强对移动阅读服务的管理

与纸本阅读的发展历史相比，移动阅读等新媒体阅读尚处在发展初期，远没有成熟，需要各类阅读服务机构共同推进，以用户为中心，根据社会发展形势和各类用户的需要，既充分发挥移动阅读的优势为用户提供"轻内容"服务，又引领用户逐步摆脱移动阅读沉迷。

第九章 移动阅读服务改进策略

本章将基于前文对移动互联网用户阅读需求与行为的调查研究结论，针对我国移动阅读服务的发展现状与存在问题，提出进一步拓展与改进移动阅读服务的对策。

第一节 把握移动互联网的发展大势，
积极推进移动阅读服务

近年来，互联网正在加速向移动互联网迁移。中国互联网信息中心（CNNIC）2014 年 7 月发布的第 34 次《中国互联网络发展状况统计报告》[①] 显示，截至 2014 年 6 月，我国网民上网设备中，手机使用率达83.4%，首次超越传统 PC 整体使用率（80.9%），成为第一大上网终端设备。2014 年 5 月工业和信息化部发布的《移动互联网白皮书（2014）》[②] 显示，移动互联网已经成为国内最大的信息消费市场。随着近年来移动互联网的高速发展，基于移动互联网的新应用不断兴起，移动阅读是移动互联网最主要的应用之一。根据中国出版科学研究院近年发布的全国国民阅读调查报告，我国国民的手机阅读率已经从 12.7%（2008 年）迅速上升到 41.9%（2013 年）。

移动互联网并非只是简单地将互联网上的内容与服务移植过来，它不只是互联网的简单复制，而且是一种新的信息服务模式，既有对互联

---

① 《中国互联网络发展状况统计报告》（http://www.cnnic.cn/hlwfzyj/hlwxzbg/hlwtjbg/201407/P020140721507223212132. pdf）。

② 工业和信息化部电信研究院：《移动互联网白皮书（2014 年）》（http://www.catr. cn/kxyj/qwfb/bps/201405/t20140512_ 1017472. html）。

网的继承，又在互联网的发展基础上进行创新。移动互联网正在重塑网络信息世界。业界应该及时把握移动互联网的发展趋势，全面、深刻认识基于移动互联网的阅读服务，突破传统思维的局限，积极适应信息生态环境的变化，拓展、深化各类移动阅读服务。

第二节　不断升级移动阅读服务系统

移动终端及应用软件、移动通信网络、服务平台等是开展移动阅读服务的基础设施，需要服务机构在系统开发上持续改进，创新功能，不断优化用户使用体验。

1. 根据当前移动互联网用户对移动终端的需求与使用情况，移动阅读服务应以智能手机和平板电脑为主要阅读终端；同时要根据终端不同的产品特性和户外与室内不同的使用环境，在系统设计上加以区别。

总体来说，智能手机的屏幕相对较小、更多在户外移动环境中使用，在系统设计上要更加简单易用，方便用户操作与阅读使用。与智能手机相比，平板电脑在屏幕尺寸上占有明显优势。根据 Adobe 发布的数字指数报告（Adobe Digital Index），[①] 2013 年全球范围内来自平板电脑的网络流量首次超过了智能手机，互联网用户使用平板电脑时，平均每次上网访问的页面数量比使用智能手机时多 70%，平板电脑的上网活动更具"深度"。针对平板电脑使用率的上升，移动阅读服务机构须重视基于平板电脑终端的移动阅读服务系统的开发。

同时要看到越来越多的用户在家里、工作单位等室内环境下使用移动阅读的趋势，充分考虑用户在固定场所多屏互联的阅读需求。针对用户对读物的存取行为特征，系统应开发统一的云阅读管理功能，利用阅读软件智能管理阅读进度和个人书库，便于用户对阅读过的内容与阅读进度等进行统一标识、存储，多屏调取，继续阅读或重复阅读。

2. 针对用户对浏览器和客户端阅读软件的共同需要，并行开发移动阅读服务网站和客户端软件，由用户根据自己的习惯、偏好自行选择

---

① 《Adobe 指数报告：平板电脑网络流量超智能手机》（http://it.sohu.com/20130309/n368234647.shtml）。

服务系统。移动 web 站点或 App 阅读软件的开发坚持"简化＋优化"原则，不宜太复杂，方便利用。要不断搜集用户的反馈信息，不断优化用户的阅读体验，保障用户阅读质量，提升用户黏性。

3. 针对用户对移动通信网络与 WiFi 等无线通信网络的共同需要，要考虑不同接入状态下的内容与功能服务的差异。针对 WiFi 无线网络更受用户欢迎的现状，在系统设计上，要增加自动感知并切换到 WiFi 无线网络功能，或开发只在 WiFi 无线网络环境下使用的服务功能，比如图片阅读、视频阅读、客户端软件版本更新等，以帮助用户降低流量费用，获得更好的阅读体验。

第三节　改进移动阅读服务内容

1. 根据移动互联网用户阅读利用方法与内容的现状，服务机构应根据用户需求重点提供适合轻松浏览的内容，比如新闻、文学、生活资讯、社交信息等，辅以有深度的内容作品，逐渐加强移动知识阅读的服务与推广，积极提供学习性阅读、专业性阅读等深度阅读内容，促进读者阅读素养的增进和提高。

服务机构应加强知识组织，对数字信息资源进行深度加工、聚合，开发简约的、高质量的二次或三次信息资源，满足用户深层次阅读需求。比如，全球最具影响力的政治商业期刊之一《经济学人》提供的电子书和移动 App 下载，其内容不是简单地从纸版剪辑内容，而是对最好的内容按主题打包整合；清华大学图书馆开展基于学科知识的移动服务，[①] 根据用户对相关学科的学术研究发展状态和趋势信息的需求，将馆藏用户访问量高的前 150 种电子期刊的最新目次信息进行抽取、重组，形成更贴合用户需要的知识服务，通过移动终端向用户主动推送。

针对学习性内容和专业性内容阅读，移动阅读服务机构应开发标签、标注、注释、笔记等用户自助功能，以满足用户特别是高学历用户仔细读的需要。

---

① 张蓓、窦天芳、张成昱等：《基于学科知识的高校图书馆移动服务创新探索》（http://www.kmf.ac.cn/tabid/583/InfoID/2735/frtid/914/Default.aspx）。

2. 根据移动互联网用户阅读利用行为的特点，强化阅读内容的简约直接、精致、实用性。移动阅读服务是基于时间与位置的阅读服务，大多是碎片化阅读服务，因阅读情境与移动终端条件等限制，阅读内容须简洁、直接，同时又是精致而实用的。

3. 加强基于情境的知识推荐服务。移动阅读服务是情境感知服务，能自动感知用户所在的空间、环境，情境服务是通过整合来自移动设备上不同情境数据，将用户的生活、工作都变成可追踪的信息流，然后根据特定的情境向用户推送特定的信息，比如基于城市地理位置的历史文化知识阅读服务等。

第四节　优化移动阅读内容形式

1. 在全文提供移动阅读内容之外，应根据移动阅读用户对加工内容的利用行为特征，大量运用简约的摘要、目录、综述等形式传播内容，便于用户快速浏览，并根据自己的需求选择进一步阅读全文。正如 Whats App 的产品理念"让简洁一以贯之"，移动互联网时代用户对简洁内容的需求越来越强烈，服务机构应"让简洁的产品自己说话"，迅速吸引用户的注意力，提高阅读内容的传播效果。

在阅读内容的加工形式中，摘要最受欢迎，阅读服务机构可充分发挥摘要的优势，通过算法自动生成和人工撰写的方法生产摘要，满足用户的需要。一位来自美国的高中生开发了一款名为 Clipped 的新闻内容摘要移动应用服务,[①] 使用了一套复杂的内容摘要算法，能够在每篇文章中提取出三个核心要点，显示在应用界面中；如今 Clipped 已经被视作 Flipboard 的有力竞争对手。

2. 不宜照搬传统纸质版和网络版的内容，应根据移动互联网用户的阅读利用行为特征对阅读内容进行重新设计、加工调整，提升用户的移动阅读体验。

根据用户移动阅读时所使用的智能手机与平板电脑等终端的不同功

① 《Clipped：15 岁高中生开发的新闻内容摘要应用》（http：//www.iknowing.com/iknowing/note/31431928413983.html）。

能特性，在阅读内容呈现（包括排版、媒体形式等）上进行区别设计。美国的《读者文摘》在向数字化转型过程中，要求每位员工同时供职于数字版和印刷版，调整数字版内容，以便充分发挥平板电脑优势。①2012 年一家名为 Prismatic 的旧金山初创公司试图打造一份数码时代的定制化报纸，去除了新闻中除文字和图片以外的所有东西，速度快、页面干净，改变了在移动终端上阅读新闻的体验。②

在用户移动阅读过程中，当前最主要的内容载体形式是文本＋图片，其次是纯文本，应以图文、纯文本为主要载体形式，辅以视频、纯图片形式，设计多媒体化阅读。当前用户利用最多的移动阅读内容出版形式是网页，其次是图书，应以网页、图书为主要出版形式，辅以杂志、视频、报纸、音频等出版形式。

3. 在移动阅读内容篇幅的设计上，针对大部分用户选择"短篇阅读更多"的现状，移动阅读作品的篇幅应以短篇为主，多开发制作微知识库、微学习课件等，兼顾长篇。针对长篇内容，要尽可能通过标题、目录、提要、开始段落等将阅读内容的"亮点"凸显出来，以便于用户识别、选择所需内容。

不管是长文章还是短文章，只有用户自己需要的他（她）才会细读完。美国杂志网站 Slate 对其读者进行了调查研究，③ 发现多达 38%的读者进入某文章页面后根本没有阅读任何内容就离开了。那些愿意阅读内容的，有 50%的人仅会阅读头 100 个字。如要吸引用户，服务机构或作者要尽可能将文章的"亮点"凸显出来，以便于读者识别、选择。

移动阅读的碎片化特征并不是"浅阅读"的代名词，而是更浓缩、精致、有内涵。知识应用表现在它的"精致"、"个性"、"动态"等特征上。2014 年 5 月 27 日到 6 月 2 日是我国第 25 个图书馆服务宣传周，上海图书馆通过"微载体"推出全新视听产品——"微讲座"，从 800

① 《美国〈读者文摘〉加大数字化转型力度》（http：//tech. sina. com. cn/i/2012 - 10 - 08/09437680285. shtml）。

② 《Prismatic：让移动新闻阅读更加吸引人》（http：//www. tuicool. com/articles/UfEJJv）。

③ You're unlikely to finish reading this article（http：//www. theverge. com/2013/6/8/4408716/reading - scrolling - sharing - web - articles）。

多部上图讲座中，遴选出最精彩的片段，以最快的速度、最少的时间让读者走近名家大师。同时，上海图书馆还通过"微载体"，开展"市民数字阅读推广公益广告语（微广告语）征集"、"妙语微言评好书——上海市公共图书馆联合微书评征集"以及"一句话读书感言"征集活动等。①

4. 根据用户移动阅读的时长特征对阅读内容进行分组或分段落，比如根据 5—10 分钟、11—20 分钟、21—30 分钟等时间段组织读物或读物段落，便于用户根据自己所处的环境和拥有的时长从中选择可以一次性阅读完的内容。

互联网出版发行平台 Byliner 发布的 iPad App 可以根据用户目前拥有的阅读时间，推荐可以在这个时间长度内阅读完的文章或书籍，用户通过拖动条选取阅读时长后，就可以看见适合阅读的内容。② 为提高在手机上看新闻的体验，初创公司 Circa 将热点新闻拆分成"新闻卡片"，每条只有两三句话，平均只需 10 分钟时间就可浏览完当天的热点新闻。③

第五节 创新移动阅读服务

1. 根据用户对获取移动阅读内容方式的偏好，不断优化导航、检索和阅读内容推荐系统，努力提高用户查寻阅读内容的效率与效果。

由于移动阅读时空环境、移动终端显示与操作等方面的限制，用户对通过移动终端寻求阅读内容的精准性和互动操作的便利体验等都提出了更高的要求，服务机构应探索语音搜索、图像搜索等更适合移动终端的搜索系统，提升用户的阅读内容获取效率；同时努力开发智能内容检索系统，提升用户的阅读效果。百度发布的《移动互联网发展趋势报

---

① 《图书馆服务宣传周：让阅读引领未来》（http：//politics. people. com. cn/n/2013/0531/c70731 – 21690165. html）。

② 《你有多长时间来阅读？Byliner 发布新版 iPad app，想要根据用户可阅读的时长来挑选内容》（http：//www. 36kr. com/p/204728. html）。

③ 《手机新闻阅读有望迎来新时代》（http：//www. iknowing. com/iknowing/note/31431932464569. html）。

告2014Q2》① 总结了移动搜索的四大发展趋势：交互移动化（语音和图像输入等新型交互方式日益受到移动搜索用户的欢迎）、场景移动化（基于用户的地理位置提供符合使用场景的信息）、服务闭环化（通过"移动搜索＋轻应用"链接人与服务）和知识图谱化（通过知识图谱更智慧地向移动用户提供信息与服务）。

2. 根据不同用户的阅读内容偏好，开展个性化服务，包括用户个性化订阅、主动向用户推送个性化内容等。

由于用户的年龄、性别、教育经历、生活背景等的不同，用户有着不同的认知结构、行为习惯，因此对移动阅读的内容有着差异性的需求。服务机构应利用数据挖掘技术，根据不同用户的特点及阅读习惯，有针对性地提供阅读内容推送服务，使用户更加方便快捷地访问相应资源。比如，可以通过图书、杂志、音乐歌曲、电影/电视等出版形式向女性用户更多地提供休闲娱乐内容、生活资讯，向学历高的用户更多提供学习性内容、专业工作或研究性信息等。

同时，围绕社会热点需求、主流读者的核心需求，主动开展专题阅读服务，通过送上门等多种手段吸引读者。

3. 移动阅读服务机构应充分认识到当前社会化媒体发展的大趋势，及时调整思维，强化社会化服务意识，把社交分享服务纳入移动阅读服务的评价指标体系，提供运营管理能力与水平。

人类的阅读包含个体化和社会化两个方面。阅读的个体化是指阅读是一件私人的事情，是静态的、独立的、封闭的行为；阅读的社会化是指读者在一定程度上进行阅读的分享，将阅读的内容以及产生的想法与创意与他人交流，使阅读成为一种动态的、多人的、开放的行为。互联网的出现，各种网络阅读、数字阅读等新媒体阅读方式的盛行，由技术导致的用户之间在阅读中的互动交流成为可能。移动阅读交流行为是指移动互联网用户之间通过移动互联网平台交流阅读内容与心得的行为，包括一对一、一对多或多对多的即时、异时交互行为。2008年以来，社会化网络在国内外快速发展，越来越多的用户利用社会化平台获取和阅读资讯内容，交流阅读心得，形成了社会化阅读现象。

---

① 《百度无线数据报告》（http://developer.baidu.com/report/）。

（1）自建阅读交流平台，或利用 QQ、微信、微博、SNS 等主流公共社区和豆瓣读书等专门阅读社区为用户提供阅读交流服务，根据用户的阅读交流行为特征，开发、优化即时互动、发表评论、转发、推荐、发表日志、发表摘要、发表阅读笔记、批注等互动服务功能，满足大部分移动阅读用户进行阅读交流分享的需要。

（2）加强策划，围绕社会热点、用户的阅读热点，提炼、创造新颖话题，举办专题交流活动，引导、促进用户交流。挖掘并鼓励少数核心活跃用户创作发布评论等内容、交流讨论，引领更多的跟随用户参与互动交流，提高阅读交流活跃度和服务的吸引力。

（3）通过多种措施鼓励用户向服务机构（作者、出版者、服务者）反馈意见，让用户参与作品的创作、修改、推广，使用户转化为有忠诚度的"粉丝"，共同优化阅读内容与阅读服务。

（4）针对不同年龄、学历、收入等的用户阅读交流行为偏好，提供对应的服务，满足不同群体用户的需要。

（5）对少数容易沉迷社会化阅读的用户要采取措施进行管理与服务，比如开发限时提醒、防沉迷系统等。

4. 做好与其他媒介阅读服务平台的协同，通过云服务实现手机、平板电脑与 PC、数字电视等终端的多屏融合，同时注意做好与传统纸媒阅读服务之间的衔接与协调，实现传统媒介与移动数字媒介的融合。

5. 商业性移动阅读服务机构须积极探索新的盈利模式，注意收费服务与免费服务的平衡。区分免费用户与付费用户，开展差别化服务。

针对大部分用户不愿意付费的现状，大力开展免费阅读服务，扩展用户规模，从而为能够带来盈利的广告、电子商务、游戏等服务和收费阅读服务奠定良好的基础；同时要注意到愿意付费的用户比例正在不断上升。盛大文学 2011 年的调查显示，[①] 愿意花钱在手机上看小说的用户已达 52.1%，这些用户中，81% 愿为一本书支付 1—10 元，剩下的甚至愿意花费更多。多看阅读在 2013 年一年中用户量从 600 万增长到 2500 万，付费用户从 3 万增加到 35 万，日营业额从六七千元到六七万

---

① 张懿：《中国手机网民越来越乐意掏钱包　肯花钱在手机看小说》 （http://whb. eastday. com/w/20111123/u1a940496. html）。

元，几乎呈十倍增长。① 移动阅读服务机构应基于这些愿意付费用户的消费行为特征开发文学与专业知识内容精品，提供收费服务，包括局部内容收费、个性化服务收费、增值服务收费等。收费方式灵活多元，可以按本、段等内容单元收费，也可以按时段收费，还可以尝试类似"打赏"由用户自愿确定是否付费及付费数额的收费方式。收费标准以小额为主，收费渠道要快捷方便、安全。

第六节 加强对移动阅读用户的引导

与纸本阅读的发展历史相比，移动阅读等新媒体阅读尚处在发展初期，远没有成熟。新媒体阅读自身存在一些缺点，比如容易受到干扰分散注意力、碎片化阅读、快速浏览、娱乐至上、容易沉迷等。一方面，需要每个用户加强自我阅读管理，提高阅读素养；另一方面，需要社会各类阅读服务机构加强对用户利用新媒体阅读的引导。

各类阅读服务机构应及时利用移动服务平台提供优质内容吸引用户，同时通过多种方式引导、培训用户正确利用移动新媒体，而不是沉迷于移动阅读，帮助其建立合适的阅读策略，努力提高用户的新媒体阅读素养。高校的学生工作部门、图书馆和教师应通过宣传、教育、考评等各种方式引导大学生正确利用移动阅读，帮助他们建立合适的阅读策略。应定期或不定期地了解大学生移动阅读的情况，重点关注低年龄、低学历、文科专业和男性学生，针对有沉迷问题的学生进行适当的心理辅导和干预。图书馆可以为大学生提供、推荐优质移动读物，用更好的内容吸引大学生，推动他们走出移动阅读沉迷的怪圈，促使他们走上正常的学习和生活轨道。

图书馆等公益阅读服务机构没有商业利益的羁绊，应积极利用新媒体提供学习性阅读、专业性阅读等深度阅读内容。商业性的移动阅读服务机构应兼顾商业利益与社会责任，多提供有益的移动读物。移动阅读服务产品在加强用户个性化、社交化和智能化功能提升用户体验的同

---

① 《数字阅读市场格局变化 电子书平台成长迅猛》（http://news.sina.com.cn/m/2014-02-20/100329517071.shtml）。

时，应提供健康、时尚、信息量大、知识性强、艺术性高的新内容，促进读者阅读素养的提高。内容形式宜简单、易操作，摒弃迷幻、刺激人感官和眼球的噱头。在服务手段方面，服务商可以运用技术手段进行阅读限时管理等，在作品中对读者进行移动阅读时间的限定，超过一定的时间系统将提醒甚至关闭。政府有关部门要加强对移动阅读服务产品与机构的规范管理，制定必要的行业规范和措施。对于色情、暴力等易引起读者沉迷而无所益的内容则应通过行政、法律手段进行管控。

第七节　加强移动阅读服务推广

与有线互联网相比，移动互联网的产业集中度更高，马太效应更强，因此，营销也变得更加重要。移动阅读服务机构应通过多元渠道与方式宣传、推广移动阅读服务，根据用户对移动阅读内容利用方式的偏好，不断优化阅读内容推荐、导航和检索系统，利用社会化平台宣传推广移动阅读服务，开展内容营销。

1. 以年轻用户和学历高、收入高的中高端用户为主要推广对象。年轻用户是当前移动阅读用户的中坚，尤其是18—30岁的用户。学历高、收入高的用户的比例上升较快，是移动阅读服务的重点发展对象。

2. 针对大部分用户随意浏览获取阅读内容的现象，要尽量将符合大部分用户需要的热点内容放在显著位置进行推荐。针对移动环境中用户时间长短的不确定，可以将阅读内容按篇幅长短、阅读时长加以区分，便于用户根据拥有的阅读时间挑选适合在相应时间长度内读完的内容。

3. 充分发挥口碑传播效应，利用"朋友圈"和"兴趣社区"等社会化平台宣传推广移动阅读服务。通过"朋友推荐"让用户带动用户，通过"网络社区推荐"推广阅读内容，吸引更多的有共同兴趣爱好的用户。跟踪搜集、挖掘用户在社会化平台上的交流内容，从中提炼用户的阅读兴趣、偏好等阅读行为特征，主动宣传、推广各种阅读精品内容。基于移动阅读用户交流后的延伸行为特征，推荐关联知识与网站链接，匹配推荐关联性较高的电子商务等延伸服务。

4. 开展内容营销，利用优质内容推荐、专题与专栏推荐、排行榜等方式揭示、推荐阅读内容，帮助用户选择自己喜爱的读物，提高读物的利用率。根据用户阅读行为数据分析用户选择读物的特征，及时捕捉用户的阅读兴趣，进行营销策划，利用各种传播渠道，开展个性化推送等推广服务。内容要尽量简约、直接，便于用户快速浏览、选择。一些优质内容可以利用多种形式反复推荐，或多次以不同碎片内容推广同一作品，提高利用率。

5. 利用用户乐于接受的形式开展广告宣传，通过自动或人工摘要方式提炼阅读内容中的精彩"看点"并将其直接推荐给用户，辅以阅读活动介绍、部分内容试读、书评等宣传方式。

6. 当前用户选择的移动阅读服务机构中领先的主要是电信运营商和部分知名传统互联网服务商、主流的个人自媒体平台。面对越来越激烈的竞争和产品同质化的趋势，移动阅读服务机构应加强品牌建设与推广，建立品牌美誉度，以吸引用户。或者通过差异化竞争，形成自己的特色优势。

7. 图书馆是移动阅读服务的重要主体之一，其公益服务性质与大部分用户不愿为移动阅读付费相一致。本研究的调查数据也表明公共图书馆、高校图书馆提供的移动阅读服务较受欢迎。图书馆应加大推广力度，面向更多的社会和本单位用户开展服务，加强建设移动数字图书馆协同推广平台，包括不同图书馆之间的协同和图书馆与大型互联网、移动互联网门户平台的合作，建立专业的移动数字阅读服务推广队伍，通过信息导航与检索、专题服务、知识推荐、社会化媒介宣传、举办移动阅读推广活动等方式，更好地满足广大用户对图书馆移动阅读服务的需求。

（1）面对众多新兴数字阅读服务机构的强力竞争，图书馆界需要联合起来，对各级公共图书馆、高校图书馆的数字阅读资源进行全面整合，协同建立统一的数字阅读推广平台，形成覆盖全国公众读者的移动数字阅读服务网络，在国家、省、市、县等层面全方位开展移动数字阅读推广工作。由于数字信息技术打破了传统行业与地理的局限，图书馆的馆际合作除了传统的系统内合作、区域内合作外，要更多地鼓励馆藏数字内容结构相同与相近的图书馆跨系统、跨区域的馆际合作。

（2）成立专业的移动数字阅读服务推广队伍。图书馆应不断创造条件，建立移动数字阅读服务推广队伍，以熟悉数字阅读的年轻馆员和推广经验丰富的骨干馆员为核心，利用各种理论与实践方式全面培训推广馆员，积极发挥学科馆员的专业优势，努力提高移动数字阅读服务推广的专业化水平。

（3）加强策划，运用多种方式推广移动数字阅读服务。建设基于移动互联网络的知识导航系统，对馆藏数字资源与互联网上的知识资源进行收集、加工整理、聚合，加强移动数字内容营销推广，通过网络推荐书目、网络文摘、网络书评、专题或热点知识推荐和链接等为用户提供积极、有益、健康的知识推荐与导读。推荐内容要聚焦大多数用户的需求，主题要集中而具体，内容要简约、直接，以便有效吸引用户，形成较大影响力。积极利用各种新兴的公共与专业阅读社区，开展与用户的交流互动，利用社会化平台的传播力大力推广移动数字内容。进一步推进"全民掌上阅读活动"等数字阅读推广活动，促进图书馆的移动数字阅读服务。

第十章　结论与展望

从 20 世纪 90 年代至今，经过 20 多年的发展，互联网已经成为社会的主要潮流，正在全方位地影响人类的生产与生活，一个属于互联网的时代正在来临。随着移动互联网的迅猛发展，越来越多的互联网服务正在向移动互联网迁移。本研究的主要任务是在理论上对移动互联网用户阅读行为的内涵、模型等进行研究，初步形成移动互联网用户阅读行为理论框架；在移动互联网用户阅读行为的理论研究的基础上，以移动互联网用户阅读行为模型为依据，通过问卷调查、访谈、观察等方法，对移动互联网用户阅读行为进行调查分析；针对我国移动阅读服务的现状和存在问题，基于移动互联网用户阅读行为的理论和调查分析的成果，有针对性地提出改进移动阅读服务的策略。

第一节　本研究的主要结论

一　我国移动阅读服务的现状与存在问题

进入 21 世纪以来，移动互联网发展迅速。移动阅读是移动互联网最主要的应用之一。经过多年的发展，我国商业性的移动数字出版和公益性的移动数字图书馆服务都取得了显著成绩。目前国内参与移动数字出版服务的商业性主体包括传统出版机构、电信运营商、各类新兴的互联网和移动互联网出版机构等，在取得斐然成绩的同时，也存在一些结构性的问题。服务主体发展不均衡，电信运营商、互联网出版商占有明显优势，而传统出版机构处于弱势地位。移动阅读服务内容大多以新闻性、娱乐性等浅阅读内容为主，缺乏知识性阅读等深阅读，内容同质化现象比较严重，缺乏优质内容版权资源，尤其是能充分发挥移动阅读优势的内容。服务经营缺乏成熟、稳定的盈利模式；服务推广方式相对单一，推广效果、用户规模都不够理想。在公益性移动数字图书馆服务方面，不少公共图书馆、高校图书馆近年来陆续推出了移动图书馆阅读服务，但总体上我国图书馆移动阅读服务的普及率还较低，服务内容与功能以延伸数字图书馆内容为主，缺乏切合移动互联网用户阅读行为特征的内容；主动服务不够，服务方式并没有充分发挥移动阅读的优势；服务效能低，用户利用率与满意度不够理想。

二　移动阅读基础理论

移动阅读是用户以手机、平板电脑等移动设备为终端，通过移动或者无线通信网络访问、接收、下载所需信息，在移动终端上浏览、收看（听）并进行交流互动的阅读活动。

移动阅读包括用户、阅读行为和读物三个基本组成部分。用户是移动阅读的主体，由各种年龄、性别、学历、职业、收入等人口统计特征的用户群组成，他们在移动阅读需求与行为上也表现出不同的特征。读物是移动阅读的客体，包括阅读内容和手机等移动载体。移动阅读行为就是用户对移动读物的需求、寻求、使用与交流等活动的总和。

影响移动阅读的因素可以分为外部因素和内部因素两个方面。外部因素指移动阅读行为的外部环境，包括社会环境、信息技术环境、组织环境（服务机构、虚拟服务社区）、移动环境（时间、地点、具体活动情境）等。内部因素指移动阅读的主体、客体和本体，包括用户特征、用户阅读需求、用户的经济购买力、联网技术、移动终端、读物内容、用户的阅读能力、用户的传统阅读习惯等。

移动阅读是传统阅读向新的阅读模式转型的成果之一，既是对数字阅读、网络阅读的延伸，又与网络阅读、数字阅读共同构建新的阅读文化。移动阅读满足了人们在移动环境下的阅读需求，移动阅读的兴起与普及将带动移动阅读服务的崛起，促进相关产业的发展、繁荣。

三　移动阅读行为模型

移动互联网用户阅读行为主要包括移动阅读需求认识与表达、移动阅读寻求、移动阅读利用、移动阅读交流等行为。与一般信息行为、阅读行为相比，移动互联网用户阅读行为受移动互联信息技术发展和时间、空间环境的影响大。

1. 移动阅读需求是人们为解决问题而产生的对移动阅读的必要感和不满足感，其内涵主要包括人们对阅读内容和阅读服务的需求。

在阅读内容需求方面，移动环境下用户的阅读需求因为时间、空间的变化而呈现新的特点。根据时间与空间的影响，移动环境下用户的阅读内容需求可以分为与时间相关的阅读内容需求和与空间相关的阅读内容需求。用户在移动环境下阅读活动的时间特点有"临时"、"实时"、"片段闲暇时间"或"无聊时"等时间状态，相应的信息需求都是与这些时间特点密切相关的，统称为即时性阅读需求。用户在移动环境下阅读行为的空间特点有本地性、目的地性，相应的阅读内容需求也都是与地理位置相关的，比如查阅地理信息、交通路线、与本地相关的信息阅读、与目的地相关的信息阅读等。

移动互联网用户的阅读需求除了阅读内容需求之外，还包括用户对相应阅读服务系统与服务方式的需求。用户对移动信息技术与系统的需求主要包括对移动网络、移动终端和应用软件的需求。用户对移动阅读服务方式的需求是指用户对内容导航、智能检索、个性化服务、互动性服务、协同服务等服务方式的需求。

2. 移动阅读寻求行为包含查询、检索、浏览、选择和获取等行为过程。寻求移动读物的方式有随意浏览、利用内容导航网站、检索、朋友推荐、网络社区推荐、服务商广告等。选择读物的方式有随机选择、按专题（栏）选择等。一些重要读物还需要用户在选择后进行保存，以便在需要继续阅读或反复阅读时取阅。移动阅读寻求行为受移动互联网信息技术及其演变的影响很大，随着移动互联信息技术的演变，会有更多的技术呈现，不断改变用户寻求移动读物的行为。

同时，移动阅读寻求行为还是内容消费行为。由于网络经济环境的特殊性，免费成为互联网环境下的一种消费模式，在当前甚至是一种主要的网络内容消费方式。作为传统的交换方式，收费模式依然存在，但在收费内容、标准与方式等方面，需要应对免费模式的挑战，进行调整、提升。

3. 移动互联网阅读利用是一个心理过程，包括感知、理解、记忆、思维、评价等；移动互联网阅读利用也表现为一些可见的行为过程，包括阅读方法、阅读内容、阅读时间（长）与地点、阅读评价等。

4. 移动阅读交流行为是指移动互联网用户之间通过移动互联网平台相互交流阅读内容与心得的行为，包括一对一、一对多或多对多的即时、异时交互行为。移动阅读交流的对象包括作者、出版者、好友、其他读者；交流内容包括给作者提建议、与作者讨论、给出版者提建议，给朋友、其他读者（转）发送摘要、书签、批注、评论、笔记（阅读心得）等；交流平台有基于移动互联网的即时通信工具、微博、博客、微信、SNS 社交网站、论坛社区等公共交流社区和专门阅读社区；交流方法有聊天讨论、关注或收看收听、上传（文档、图片、音频、视频等）、发表日志心情、发表摘录、发表评论、发表笔记、转发、推荐、批注、标签等；一些用户在完成移动阅读交流后还有延伸行为，比如访问相应网站、访问社区网站上的相关网页、根据阅读内容订阅相关的阅读服务、购买（零购或订购）纸质版、通过广告购物等。

四 当前我国移动互联网用户阅读行为的特征

1. 以农民和大学生两类群体为例进行的移动阅读需求实证分析表明，目前我国移动互联网终端的普及率较高，大部分用户需要移动阅读服务。

2. 绝大多数移动互联网用户都进行过移动阅读，目前我国移动阅读的普及率较高。他们进行移动阅读的主要目的是即时了解实时信息，其次是打发无聊和应急查阅信息、利用碎片时间阅读学习和查阅与地理位置相关的信息。

3. 目前用户利用的移动终端中，智能手机使用率最高，其次是平板电脑。家中无聊时、睡觉前是移动终端使用较多的时间（地点），相比之下，手机更多地使用于户外移动环境中，而平板电脑与阅读器更多使用于室内环境。浏览器是目前移动互联网用户获取移动读物的最主要的渠道，其次是客户端阅读软件。移动阅读的上网方式中，WiFi 无线网络比移动通信网络更受欢迎。随意浏览是最主要的寻找移动阅读内容的方式，其次是通过"利用内容导航网站"和"检索"、"朋友推荐"

和"网络社区推荐"。用户选择移动阅读内容的方式包括随机选择和按专题（栏）选择。当前用户选择的移动阅读服务机构中领先的主要是电信运营商和部分知名传统互联网服务商、主流的个人自媒体平台，出版社、报社、杂志社等传统出版机构和图书馆提供的移动阅读服务也较受欢迎。大部分用户不愿意为获取移动阅读内容付费，但愿意付费的用户比例上升明显。

4. 快速浏览是当前移动阅读方法中的主流，也有不少用户在移动阅读时是仔细读的，"仔细读"的用户多半会反复阅读，有"做标签"、"做标注或注释"、"做笔记"等行为，还有"有边阅读边思考或者离开屏幕进行思考的习惯"。当前移动互联网用户阅读的内容以新闻、娱乐等轻阅读内容为主，以学习性、专业性等深阅读内容为辅。在阅读内容的加工形式中，摘要最受欢迎，目录和综述（专题缩编）也受到一定的欢迎。在用户移动阅读过程中，当前最主要的内容载体形式是文本＋图，其次是纯文本，最后是视频、纯图片等。用户利用最多的移动阅读内容出版形式是网页，其次是图书，再次是杂志、电影/电视、报纸、电台/音乐歌曲。在对移动阅读内容篇幅的选择上，大部分用户选择"短篇阅读更多"。一半的用户对移动阅读内容中的广告持明确的反对态度。用户每次进行移动阅读的平均时长主要分布在 11—20 分钟和 21—30 分钟，其次是 5—10 分钟和 31—40 分钟。用户每天进行移动阅读的平均时长主要分布在 31 分钟—1 小时，其次是 1—2 小时和不超过30 分钟。用户利用手机、平板电脑/阅读器进行移动阅读的时间（地点）主要分布在交通途中、等候（人、车、电梯）时、家中无聊时、睡觉前。用户进行移动阅读时，选择手机多于选择平板电脑/阅读器，并且利用手机进行移动阅读多发生在短时间停留的临时性场所，利用平板电脑/阅读器进行移动阅读多发生在长时间停留的固定场所。

5. 大部分移动阅读用户都会与别人分享、交流移动阅读的内容。即时通信工具（QQ、微信等）和微博是当前移动阅读交流最受欢迎的公共社区，其次是 BBS 论坛社区、博客、SNS 社交网站。在专门阅读社区中，腾讯、新浪、中国移动、百度的阅读平台最受欢迎，其次是豆瓣读书、天涯社区、搜狐与网易的阅读平台、91 熊猫看书、猫扑等专门阅读社区。移动阅读用户交流最多的对象是自己的好友，其次是其他读者和作者。移动阅读用户与好友、其他读者交流的内容中，最多的内容是评论，其次是摘要。在与作者、出版者交流的内容中，评论也是最多的，其次是提建议。移动阅读交流方法中，使用最多的是聊天讨论，其次是发表评论，最后是转发、发表日志心情、关注或收看收听、上传、推荐（分享）等。移动阅读交流后的延伸行为中，最多的是查询了解相关知识，其次是访问相关链接网站等。

6. 移动阅读在带给用户便利的同时，也带来部分负面的影响。以大学生为例进行的调查分析表明，高校学生中移动阅读沉迷现象是普遍存在的。大学生移动阅读沉迷现象背后，有读者自身的内在原因，也有移动终端和服务商等外部原因。面对大学生移动阅读行为中的沉迷现象，一方面，需要每个大学生加强自我阅读管理，提高阅读素养；另一方面，需要全社会加强对大学生移动阅读的引导。

五 移动阅读服务的改进策略

1. 业界应该及时把握移动互联网的发展趋势，全面、深刻认识基于移动互联网的阅读服务，突破传统思维的局限，积极适应信息生态环境的变化，拓展、深化各类移动阅读服务。

2. 移动终端及应用软件、移动通信网络、服务平台等是开展移动阅读服务的基础设施，需要服务机构在系统开发上持续改进，创新功能，不断优化用户使用体验。根据当前移动互联网用户对移动终端的需求与使用情况，移动阅读服务应以智能手机和平板电脑为主要阅读终端；同时要根据终端不同的产品特性和户外与室内不同的使用环境，在系统设计上加以区别。针对用户对浏览器和客户端阅读软件的共同需要，并行开发移动阅读服务网站和客户端软件。移动 web 站点或 App 阅读软件的开发坚持"简化 + 优化"原则，方便利用。针对用户对移动通信网络与 WiFi 等无线通信网络的共同需要，要考虑不同接入状态下的内容与功能服务的差异。针对 WiFi 无线网络更受用户欢迎的现状，在系统设计上，要增加自动感知并切换到 WiFi 无线网络功能，或开发只在 WiFi 无线网络环境下使用的服务功能，以帮助用户降低流量费用、获得更好的阅读体验。

3. 不断改进移动阅读服务内容。根据移动互联网用户阅读利用方法与内容的现状，服务机构应根据用户需求重点提供适合轻松浏览的内容，辅以有深度的内容作品，逐渐加强移动知识阅读的服务与推广，积极提供学习性阅读、专业性阅读等深度阅读内容，促进读者阅读素养的增进和提高。服务机构应加强知识组织，对数字信息资源进行深度加工、聚合，开发简约的、高质量的二次或三次信息资源，满足用户深层次阅读需求。根据移动互联网用户阅读利用行为的特点，强化阅读内容的简约直接、精致、实用性。加强基于情境的知识推荐服务。

4. 优化移动阅读内容形式。根据移动阅读用户对加工内容的利用行为特征，大量运用简约的摘要、目录、综述等形式传播内容，便于用户快速浏览。服务机构可充分发挥摘要的优势，通过算法自动生成和人工撰写的方法生产摘要，满足用户的需要。不宜照搬传统纸质版和网络版的内容，应根据移动互联网用户的阅读利用行为特征对阅读内容进行重新设计、加工调整，根据用户移动阅读时所使用的智能手机与平板电脑等终端的不同功能特性，在阅读内容呈现（包括排版、媒体形式等）上进行区别设计。在用户移动阅读过程中，当前最主要的内容载体形式是文本＋图片，其次是纯文本，应以图文、纯文本为主要载体形式，辅以视频、纯图片形式，设计多媒体化阅读。当前用户利用最多的移动阅读内容出版形式是网页，其次是图书，应以网页、图书为主要出版形式，辅以杂志、视频、报纸、音频等出版形式。针对大部分用户选择"短篇阅读更多"的现状，移动阅读作品的篇幅应以短篇为主，多开发制作微知识库、微学习课件等，兼顾长篇。根据用户移动阅读的时长特征对阅读内容进行分组或分段落，便于用户根据自己所处的环境和拥有的时长从中选择可以一次性阅读完的内容。

5. 创新移动阅读服务。根据用户对获取移动阅读内容方式的偏好，不断优化导航、检索和阅读内容推荐系统，努力提高用户查寻阅读内容的效率与效果。根据不同用户的阅读内容偏好，开展个性化服务，包括用户个性化订阅、主动向用户推送个性化内容等。同时，围绕社会热点需求、主流读者的核心需求，主动开展专题阅读服务，通过送上门等多种手段吸引读者。积极开展社会化阅读服务，自建阅读交流平台，或利用 QQ、微信、微博、SNS 等主流公共社区和豆瓣读书等专门阅读社区为用户提供阅读交流服务，满足大部分移动阅读用户进行阅读交流分享的需要；加强策划，提炼、创造新颖话题，举办专题交流活动，引导、促进用户交流；挖掘并鼓励少数核心活跃用户创作发布评论等内容、交流讨论，引领更多的跟随用户参与互动交流；通过多种措施鼓励用户向服务机构（作者、出版者、服务者）反馈意见，共同优化阅读内容与阅读服务。做好与其他媒介阅读服务平台的协同，通过云服务实现手机、平板电脑与 PC、数字电视等终端的多屏融合，同时注意做好与传统纸媒阅读服务之间的衔接与协调，实现传统媒介与移动数字媒介的融合。商业性移动阅读服务机构须积极探索新的盈利模式，注意收费服务与免费服务的平衡。区分免费用户与付费用户，开展差别化服务。

6. 加强对移动阅读用户的引导。各类阅读服务机构应及时利用移动服务平台提供优质内容吸引用户，同时通过多种方式引导、培训用户正确利用移动新媒体。高校的学生工作部门、图书馆和教师应通过宣传、教育、考评等各种方式引导大学生正确利用移动阅读，帮助他们建立合适的阅读策略。应定期或不定期地了解大学生移动阅读的情况，重点关注低年龄、低学历、文科专业和男性学生，针对有沉迷问题的学生进行适当的心理辅导和干预。图书馆可以为大学生提供、推荐优质移动读物，用更好的内容吸引大学生，推动他们走出移动阅读沉迷的怪圈，促使他们走上正常的学习和生活轨道。商业性的移动阅读服务机构应兼顾商业利益与社会责任，多提供有益的移动读物，可以运用技术手段进行阅读限时管理等。政府有关部门要加强对移动阅读服务产品与机构的规范管理，制定必要的行业规范和措施。

7. 加强移动阅读服务推广。以年轻用户和学历高、收入高的中高端用户为主要推广对象。针对大部分用户随意浏览获取阅读内容的现象，尽量将符合大部分用户需要的热点内容放在显著位置进行推荐。针对移动环境中用户时间长短的不确定，可以将阅读内容按篇幅长短、阅读时长加以区分，便于用户根据拥有的阅读时间挑选适合在相应时间长度内读完的内容。充分发挥口碑传播效应，利用"朋友圈"和"兴趣社区"等社会化平台宣传推广移动阅读服务。基于移动阅读用户交流后的延伸行为特征，推荐关联知识与网站链接等延伸服务。开展内容营销，利用优质内容推荐、专题与专栏推荐、排行榜等方式揭示、推荐阅读内容，提高读物的利用率。利用用户乐于接受的形式开展广告宣传，通过自动或人工摘要方式提炼阅读内容中的精彩"看点"并将其直接推荐给用户，辅以阅读活动介绍、部分内容试读、书评等宣传方式。加强品牌建设与推广，建立品牌美誉度，以吸引用户。或者通过差异化竞争，形成自己的特色优势。图书馆应加大推广力度，面向更多的社会和本单位用户开展服务，加强建设移动数字图书馆协同推广平台，包括不同图书馆之间的协同和图书馆与大型互联网、移动互联网门户平台的合作，建立专业的移动数字阅读服务推广队伍，通过信息导航与检索、专题服务、知识推荐、社会化媒介宣传、举办移动阅读推广活动等方式，更好地满足广大用户对图书馆移动阅读服务的需求。

第二节 本研究的局限性

本研究系统地对移动互联网用户阅读需求与行为进行了理论与实证分析，具有一定的创新性。同时也存在一些局限性，主要表现在：

1. 对移动阅读行为的理论研究初步形成了一个框架，主要从总体上对移动阅读需求与行为进行分析，缺乏从更多细化维度对移动阅读需求与行为的研究。

2. 由于客观条件所限，本研究没能获得移动阅读服务商提供的用户阅读行为数据，而主要通过问卷调查获取数据，数据来源比较单一；受人力、经费等条件的限制，调查样本数量及覆盖范围有限，样本的代表性受到了一定的限制。

3. 对移动阅读行为的分析以描述性分析为主，缺乏对移动阅读影响因素及影响关系、不同移动阅读行为之间关系的统计分析。

4. 主要局限于移动阅读显性行为的调查分析，缺乏对移动阅读心理过程等隐性行为的研究。

第三节 研究展望

移动互联网掀起了互联网发展的新一波浪潮，未来移动互联网将会进一步发展，终端将会更加多元，移动通信网络向4G、5G升级，越来越宽带化，系统与应用软件更加智能，云服务能力越来越强，移动互联信息技术不断向社会生产与生活的各个角落渗透，重塑社会，构建一个泛在的信息生态环境。作为移动互联网的重要应用之一，移动阅读将不断普及，用户规模不断扩大，吸引更多的机构参与移动阅读服务，传统与新兴信息服务机构跨界融合发展，适合移动终端的阅读内容越来越丰富，移动阅读服务更加个性化、社会化、智能化，商业模式逐渐走向成熟。

在移动阅读与移动阅读服务快速发展的同时，学术界应该及时跟进，进一步深化移动阅读与移动阅读服务的研究，主要的研究方向包括：

1. 动态跟踪移动互联网用户阅读行为的变化、移动阅读服务的拓展，为移动阅读的持续发展提供理论指引。

2. 从更多维度和层面对移动阅读行为与移动阅读服务进行细化研究，包括各种类型移动阅读用户及其主要移动阅读行为、主流的移动阅读技术与平台（不同终端、软件、平台等）、主要移动阅读内容（新闻、文学、知识等）、主要移动阅读服务策略（个性化服务、社会化服务、微服务等）、各类移动阅读服务主体（电信企业、互联网企业、传统出版单位、图书馆等）等方向的理论与实证研究。

3. 研究方法除了描述性分析外，应用数学建模、统计分析等手段分析移动阅读行为间的关系、移动阅读服务的影响因素与影响关系等。

4. 拓展移动互联网用户阅读心理等隐性行为的研究。

附录一 农民移动阅读需求调查问卷

地区：

您好！我们正在进行一项农民移动阅读需求方面的调查，您的意见和建议对我们的研究非常宝贵，希望您能协助我们完成本次问卷填写。本调查采取匿名方式，请您根据自己的实际情况如实选择或填写。非常感谢您的大力支持！

【简介】移动阅读是指用户使用手机、平板电脑等移动终端通过无线/移动通信网络访问、接收、下载所需信息，并在移动终端上浏览、收看（听）并进行互动的阅读活动。

1. 您是否需要移动阅读？

（1）需要　　　　　　　　（2）不需要（请直接跳答第 17 题）

2. 您需要移动阅读的目的是（多选）：

（1）即时了解新闻资讯　　　　（2）即时了解农业科技动态

（3）即时了解农业市场动态

（4）应急查阅/处理农业生产与经营信息

（5）利用零星时间阅读学习　　（6）休闲娱乐，打发无聊

（7）查阅与地理位置相关的信息　（8）赶时髦

（9）其他：＿＿＿＿＿＿

3. 您需要的移动阅读内容有（多选）：

（1）实时新闻资讯　　　　　（2）农业政策信息

（3）农村基层管理信息（包括农村村务公开、土地管理、人口和计划生育管理服务、党群管理、医疗卫生、社会保障、社会救助、养老服务等）

（4）农业科技信息　　　　　（5）农产品市场与流通信息

（6）农产品质量追溯信息　　（7）休闲娱乐内容

（8）实用生活资讯

（9）实时社交信息（包括即时通信、社交网站等信息）

（10）与地理位置相关的信息（包括地图与路线信息、旅游景点、附近商家等信息）

（11）其他：_____

4. 下列不同加工程度的阅读内容中，您需要的有（多选）：

（1）全文（原文）　　（2）目录（题录）　　　（3）摘要

（4）综述（专题缩编）

5. 下列载体形式的移动阅读内容中，您需要的有（多选）：

（1）文本　　　（2）图片　　（3）文本＋图片　　（4）漫画

（5）音频　　　（6）动画　　（7）视频

6. 下列出版形式的移动阅读内容中，您需要的有（多选）：

（1）网页　　（2）图书　　（3）报纸　　（4）杂志

（5）电台/音乐歌曲　　（6）电影/电视

7. 您对移动阅读内容长短的态度是：

（1）喜欢读长篇内容　　（2）喜欢读短小精悍（微阅读）的内容

（3）无所谓

8. 您希望每篇或每单元移动阅读内容最好能在_____分钟内读完。

9. 对于文本阅读，您是否希望自己可以重新定义阅读内容的排版和翻页方式？

（1）希望可以自行定义排版和翻页方式，具体包括（多选）：

□横竖排　　　□字体　　　□字号　　　□色彩　　　□亮度

□闪动　　　　□背景　　　□有无图　　□翻页方式

（2）无所谓

10. 您对移动阅读内容中的广告的态度是：

（1）非常反对　　（2）比较反对　　（3）一般　　（4）不太反对

（5）完全不反对

如您不反对，可接受的广告形式有：（1）在读物中植入广告

（2）设置广告专区（移动横幅和展示、待机屏幕广告等）

（3）其他：_____

11. 您希望用_____终端来实现移动阅读（多选）。

（1）普通手机　　　（2）智能手机　　　（3）平板电脑

（4）电子书阅读器　（5）PSP 游戏机　　（6）MP3/MP4/MP5

（7）其他：_____

12. 下列移动阅读的技术实现方式中，您需要的方式有（多选）：

（1）短信息　　（2）多媒体信息（彩信）　　（3）浏览器

（4）客户端阅读软件

13. 您希望：

（1）自己能通过内容导航、检索系统查询订阅移动阅读内容

（2）服务系统能根据您的个性化需求主动推送阅读内容

（3）上述两种服务都需要

14. 您是否希望可以在移动终端和电脑、笔记本等其他终端上阅读同一篇内容，并能统一管理阅读进度？

（1）是　　　　　　　　（2）否

15. 您需要移动阅读平台提供哪些虚拟社区服务功能（多选）？

（1）移动阅读服务咨询　　　　　　（2）聊天讨论

（3）关注或收看收听（通过关注和粉丝的方式）

（4）上传（文档、图片、音频、视频等）　　（5）发表日志心情

（6）发表摘录　　　（7）发表评论　　　（8）发表阅读笔记

（9）转发　　（10）推荐（以赞或喜欢或顶或反对、资源推荐等方式）

（11）批注　　（12）标签　　（13）其他：_____

16. 您希望移动阅读服务是：

（1）免费服务　　　　　　（2）收费服务

17. 您不需要移动阅读的原因是（多选，请在第一题选择"不需要"的人填写，其他人不用回答）：

（1）没有移动终端

（2）没有必要，因为我可以很方便地使用电脑上网

（3）不了解移动阅读　　　（4）移动终端操作不方便

（5）担心移动通信费　　　（6）眼睛容易累，不习惯手机阅读

（7）移动或无线网速慢　　　（8）文盲，不识字

（9）其他：_____

18．您的年龄是：

（1）19 岁以下　　（2）20—29 岁　　（3）30—39 岁

（4）40—49 岁　　（5）50 岁以上

19．您的性别是：

（1）男　　　　　　（2）女

20．您的学历是：

（1）小学　　（2）初中　　（3）高中/中专　　　（4）大专

（5）本科及以上

21．您的身份是：

（1）普通农民　　（2）种养大户　　（3）农业合作组织职员

（4）农业企业员工

22．您的月平均收入达到：

（1）1000 元/月以下　　　　（2）1001—2000 元/月

（3）2001—3000 元/月　　　（4）3001—4000 元/月

（5）4001—5000 元/月　　　（6）5000 元/月以上

23．您现有的移动设备包括（多选）：

（1）普通手机　　（2）智能手机　　　（3）平板电脑

（4）电子书阅读器　　（5）PSP 游戏机　　（6）MP3/MP4/MP5

（7）其他：_____

附录二　大学生移动阅读需求调查问卷

　　您好！我们正在进行一项大学生对高校图书馆开展移动阅读服务需求方面的调查，您的意见和建议对我们的研究非常宝贵，希望您能协助我们完成本次问卷填写。本次调查采取匿名方式，请您直接在所选择的答案上选择或填写。非常感谢！

1．您是否需要图书馆移动阅读服务？

（1）需要　　　　　　　　　（2）不需要（请直接跳答第18题）

2．您需要图书馆移动阅读服务的目的是（多选）：

（1）应急查阅图书馆信息　　　（2）了解图书馆服务实时信息

（3）休闲娱乐，打发无聊　　　（4）利用零星时间阅读学习

（5）了解科技文化动态　　　　（6）了解专业学术动态

（7）赶时髦　　　　　　　　　（8）其他：＿＿＿＿＿＿＿＿

3．您需要高校图书馆提供的移动阅读内容包括（多选）：

（1）图书馆实时资讯　　　（2）专业书刊　　　（3）外语学习

（4）文学作品　　　　　　（5）百科知识　　　（6）工具书

（7）课堂与讲座视频　　　（8）认证考试信息　（9）就业信息

（10）科技信息动态　　　 （11）专业学术研究动态

（12）图书馆虚拟社区信息

　　注：图书馆实时资讯包括图书馆即时通知（如活动、讲座、公告通知、新书信息公告等）、用户借阅提醒（如借阅到期、催还、预约到馆等信息提醒）、用户的借阅信息、图书馆设备与资源动态、图书馆咨询服务信息等。

　　外语学习包括听力、新单词、查阅词典、翻译句子、模拟测试等。

4．下列不同加工程度的移动阅读内容中，您需要的有（多选）：

（1）全文（原文）   （2）目录（题录）   （3）摘要

（4）综述（专题缩编）

5. 下列载体形式的移动阅读内容中，您需要的有（多选）：

（1）文本   （2）图片   （3）文本＋图片   （4）音频

（5）视频

6. 下列出版形式的移动阅读内容中，您需要的有（多选）：

（1）网页   （2）图书   （3）报纸   （4）杂志

7. 您对移动阅读内容长短的态度是：

（1）喜欢读长篇内容   （2）喜欢读短小精悍（微阅读）的内容

（3）无所谓

8. 您希望每篇或每单元移动阅读内容最好能在_____分钟内读完。

9. 对于文本阅读，您是否希望可以自己重新定义阅读内容的排版（包括横竖排、字体、字号、色彩、亮度、闪动、背景、有无图等）和翻页方式？

（1）希望可以自行定义排版和翻页方式，具体包括（多选）：

□横竖排   □字体   □字号   □色彩   □亮度

□闪动   □背景   □有无图   □翻页方式

（2）无所谓

10. 您希望用_____终端来实现移动阅读（多选）。

（1）普通手机   （2）智能手机   （3）平板电脑

（4）电子书阅读器   （5）PSP 游戏机   （6）MP3/MP4/MP5

（7）其他：_____

11. 您希望图书馆能够提供下列哪些移动终端租借服务（多选）？

（1）智能手机   （2）平板电脑   （3）电子书阅读器

（4）其他：_____

12. 下列移动阅读的技术实现方式中，您需要的方式有（多选）：

（1）短信息   （2）多媒体信息（彩信）   （3）浏览器

（4）客户端阅读软件

13. 您希望：

（1）自己能通过内容导航、检索系统查询订阅移动阅读内容

（2）图书馆移动服务系统能根据您的个性化需求主动推送阅读内容

（3）上述两种服务都需要

14. 移动阅读时，您是否希望在移动终端和电脑、笔记本等其他终端之间无缝切换、跨屏幕阅读？

（1）是　　　　　（2）否

15. 您希望图书馆移动阅读服务要：

（1）自行建立配套的阅读社区

（2）基于微博、社交网站等公共社区开展阅读服务

（3）其他：_____

16. 您需要图书馆阅读社区平台提供哪些服务功能（多选）？

（1）图书馆咨询　　　　　　（2）聊天讨论

（3）关注或收看收听（通过关注和粉丝的方式）

（4）上传（文档、图片、音频、视频等）　　（5）发表日志心情

（6）发表摘录　　（7）发表评论　　（8）发表阅读笔记　　（9）转发

（10）推荐（以赞或喜欢或顶或反对、资源推荐等方式）

（11）批注　　　　（12）标签　　　　（13）其他：_____

17. 您对图书馆移动阅读服务还有什么其他需求？

（请填写）_____

_____

18. 您不需要图书馆移动阅读服务的原因是（多选，请在第一题选择"不需要"的人填写，其他人不用回答）：

（1）没有移动终端

（2）没有必要，因为我可以很方便地使用电脑上网

（3）不了解移动阅读　　　（4）移动终端操作不方便

（5）担心移动通信费　　　（6）眼睛容易累，不习惯手机阅读

（7）移动或无线网速慢　　　（8）其他：_____

19. 您的年龄是：

（1）18—22 岁　　　（2）23—25 岁　　　（3）26—30 岁

（4）31—40 岁　　　（5）41—50 岁

（6）50 岁以上

20．您的性别是：

（1）男　　　　　（2）女

21．您的学历是：

（1）专科　　　（2）本科　　　（3）硕士　　　（4）博士

22．您目前就读的学科属于：

（1）文科　　　（2）理科　　　（3）工科　　　（4）农科

（5）医科

23．您现有的移动设备包括（多选）：

（1）普通手机　　　　（2）智能手机　　　　（3）平板电脑

（4）电子书阅读器　　（5）PSP 游戏机　　　　（6）MP3/MP4/MP5

（7）其他：_____

24．您所在的高校是_____。

附录三　移动互联网用户阅读寻求行为调查问卷

地区：　　　省（直辖市、自治区）

您好！我们正在进行一项移动阅读寻求行为方面的调查，您的意见和建议对我们的研究非常宝贵，希望您能协助我们完成本次问卷填写。本调查采取匿名方式，请您根据自己的实际情况如实选择或填写。非常感谢您的大力支持！

【简介】移动阅读是指用户使用手机、平板电脑等移动终端通过无线/移动通信网络访问、接收、下载所需信息，并在移动终端上浏览、收看（听）并进行互动的阅读活动。

1. 您使用手机、平板电脑等移动终端阅读过吗？

（1）是——您利用移动阅读的主要目的是（多选）：

□应急查阅信息　　　□即时了解新闻资讯等实时信息

□打发无聊　　　　　□利用碎片时间阅读学习

□查阅与地理位置相关的信息

□赶时髦　　　　　　□其他：＿＿＿＿＿＿＿＿＿＿＿

（2）否——您不用移动阅读的主要原因是（多选，选好后请直接跳答第 10 题）：

□没有移动终端　　　□没有必要，因为我可以很方便地使用电脑上网

□不了解移动阅读　□移动终端操作不方便　　□担心移动通信费

□眼睛容易累，不习惯手机阅读　□移动或无线网速慢

□其他：＿＿＿＿＿＿＿＿＿＿＿

2. 您现有的移动终端包括（多选）：

（1）普通手机　　　（2）智能手机　　　　（3）电子阅读器

（4）平板电脑　　　（5）MP3/MP4/MP5

（6）其他：＿＿＿＿＿＿＿＿＿＿

——您利用手机进行移动阅读的时间（地点）主要在（多选）：

□交通途中（上下班途中、出差或旅游途中）　　□排队时

□等候（人、车、电梯）时　　□会议间隙　　□课间休息

□睡觉前　　□上厕所时　　□家中无聊时　　□办公室无聊时

□其他：＿＿＿＿＿＿＿＿＿＿

——您利用平板电脑、阅读器进行移动阅读的时间（地点）主要在（多选）：

□交通途中（上下班途中、出差或旅游途中）　　□排队时

□等候（人、车、电梯）时　　□会议间隙　　□课间休息

□睡觉前　　□上厕所时　　□家中无聊时　　□办公室无聊时

□其他：＿＿＿＿＿

3．您目前的移动阅读是通过以下哪种方式实现的（多选）？

（1）电脑下载到移动终端上阅读　　　（2）短信

（3）彩信（多媒体信息）

（4）浏览器——您所使用的浏览器有：□UC　□QQ　□safari

□chrome　□firefox　□其他：＿＿＿＿＿＿＿

（5）客户端阅读软件——您所使用的阅读软件有：

□中国移动手机阅读　　　　□天翼阅读　　　　□QQ 阅读

□网易云阅读　　　　　　□掌阅 iReader　　　□VIVA 畅读

□91 熊猫看书　　　□Flipboard 中国版　　　□百阅

□GGBOOK　　　　□扎客　　　□鲜果　　　□多看

□超星　　　　□其他：＿＿＿＿＿＿＿

4．您平常进行移动阅读时，主要通过＿＿＿上网。

（1）移动通信网络　　　（2）WiFi 等无线网络

（3）前两者都有

5．您主要通过以下哪些方式寻找移动阅读内容（多选）？

（1）随意浏览　　（2）利用内容导航网站　　（3）检索

（4）朋友推荐　　（5）网络社区推荐　　　（6）服务商广告

（7）其他：_____

——您平常比较乐于接受的广告内容形式有（多选）：

□摘要　　　□部分内容试读　　　□导读词　　　□名家导读推荐词

□主题阅读活动介绍　　　□有奖参与说明　　　□其他：_____

6．您平常选择移动阅读内容的方式是：

（1）随机选择阅读　　　　　（2）按专题（栏）选择

（3）前两者都有

7．当您继续阅读或反复阅读一篇内容时，您是如何对阅读过的内容进行存取管理的？

（1）自己对阅读过的内容、阅读进度等进行标识、存储、调取

（2）利用阅读软件智能管理阅读进度和个人书库

（3）前两者都有

8．您的移动阅读内容主要来自下列哪些服务机构（多选）？

（1）电信运营商：□中国移动手机阅读　　□中国电信天翼阅读

□中国联通沃阅读

（2）互联网服务商：□腾讯　　□新浪　　□网易　　□搜狐　　□百度

□盛大　　□3G 门户　　□中文在线　　□方正　　□天涯社区　　□猫扑

□百阅　　□豆瓣　　□VIVA　　□扎客　　□鲜果　　□Flipboard 中文版

□掌媒　　□掌讯通　　□91 熊猫看书　　□掌阅　　□无觅　　□书客

□多看阅读　　□超星　　□其他：_____

（3）传统出版机构：□报社　　　　□出版社　　　　□杂志社

（4）图书馆：□公共图书馆　　　□高校图书馆　　　□科研图书馆

（5）个人自媒体：□微博　　　□博客　　□微信　　□其他：_____

9．您是否愿意为移动阅读支付费用？

（1）不愿意

（2）愿意——您愿意付费购买的内容有（多选）：

□文学　　　□新闻　　　□（专业）知识

□微电影/电视　　□听书、音乐/歌曲　　□其他：_____

——您愿意支付的价格标准是（多选）：

□按章节（段）收费，每章节（段）收费标准为 0.04—0.12 元

□按本（首、部）收费，一本（首、部）的价格在 2 元左右

☐按本（首、部）收费，一本（首、部）的价格在 3 元左右

☐按本（首、部）收费，一本（首、部）的价格在 5 元左右

☐包月收费，3—5 元/月　　　☐包月收费，8—10 元/月

☐其他：_____

——您比较喜欢的支付方式是（多选）：

☐银行卡、支付宝等在线支付　　☐直接从移动通信费扣取

☐购买阅读卡（虚拟货币）　　☐其他：_____

——您每月平均支付的移动阅读费用（不包括流量费）达到：

☐1—5 元　　☐6—10 元　　☐11—15 元　　☐16—20 元

☐20 元以上

10. 您的年龄：

（1）18 岁以下（不含 18 岁）　　（2）18—25 岁

（3）26—30 岁　　　　　　　　（4）31—40 岁

（5）41—50 岁　　　　　　　　（6）50 岁以上

11. 您的性别：

（1）男　　　　　（2）女

12. 您的学历：

（1）小学　　　（2）初中　　　（3）高中　　　（4）专科

（5）本科　　　（6）硕士　　　（7）博士

13. 您的职业：

（1）政府部门：☐管理人员　☐科技人员　☐一般职员

（2）事业单位：☐管理人员　☐科技人员　☐大学教师

　　　　　　　☐中小学教师　☐一般职员

（3）企　　业：☐管理人员　☐科技人员　☐一般职员

（4）学　　生：☐大学生（年级：_____）　　☐中小学生

（5）其　　他：☐农民　　☐农民工（城市外来务工人员）

　　　　　　　☐军人

14. 您的收入（学生指生活费）：

（1）1000 元/月以下　　（2）1001—2000 元/月

（3）2001—3000 元/月　　（4）3001—4000 元/月

（5）4001—5000 元/月　　（6）5000 元/月以上

附录四 移动互联网用户阅读利用行为调查问卷

地区：　　省（直辖市、自治区）

您好！我们正在进行一项移动阅读利用行为方面的调查，您的意见和建议对我们的研究非常宝贵，希望您能协助我们完成本次问卷填写。本调查采取匿名方式，请您根据自己的实际情况如实选择或填写。非常感谢您的大力支持！

【简介】移动阅读是指用户使用手机、平板电脑等移动终端通过无线/移动通信网络访问、接收、下载所需信息，并在移动终端上浏览、收看（听）并进行互动的阅读活动。

1. 您的年龄：
(1) 18 岁以下（不含 18 岁）　　(2) 18—25 岁
(3) 26—30 岁　　(4) 31—40 岁　　(5) 41—50 岁　　(6) 50 岁以上

2. 您的性别：
(1) 男　　　　(2) 女

3. 您的学历：
(1) 小学 (2) 初中 (3) 高中 (4) 专科 (5) 本科 (6) 硕士
(7) 博士

4. 您的职业：
(1) 政府部门：□管理人员　□科技人员　□一般职员
(2) 事业单位：□管理人员　□科技人员　□大学教师
□中小学教师　□一般职员
(3) 企　　业：□管理人员　□科技人员　□一般职员

（4）学　　生：□大学生（年级：_____）　　　□中小学生

（5）其　　他：□农民　□农民工（城市外来务工人员）　　□军人

5. 您的收入（学生指生活费）：

（1）1000元/月以下　　　　（2）1001—2000元/月

（3）2001—3000元/月　　　（4）3001—4000元/月

（5）4001—5000元/月　　　（6）5000元/月以上

6. 您现有的移动终端包括（多选）：

（1）普通手机　　（2）智能手机　　　　（3）电子阅读器

（4）平板电脑　　（5）MP3/MP4/MP5　　（6）其他：_____

7. 您使用手机、平板电脑等移动终端阅读过吗？

（1）是——您利用移动阅读的主要目的是（多选）

□应急查阅信息　　□即时了解新闻资讯等实时信息

□打发无聊　　□利用碎片时间阅读学习

□查阅与地理位置相关的信息　　□赶时髦

□其他：_____

（2）否——您不用移动阅读的主要原因是（多选，选好后请停止答题）：

□没有移动终端　□没有必要，因为我可以很方便地使用电脑上网

□不了解移动阅读　□移动终端操作不方便　□担心移动通信费

□眼睛容易累，不习惯手机阅读　□移动或无线网速慢

□其他：_____

8. 您利用手机、平板电脑等进行移动阅读时，通常是（多选）：

（1）快速浏览、随意看　　　　　（2）听

（3）仔细读　　——是否反复阅读？

①是　平均接触同一篇内容的次数：□2次　□3次　□__次

②否

——有无下列行为（多选）？

①做笔记　　　②做标注或注释　　　③做标签

④没有前述行为

——是否有边阅读边思考或者离开屏幕进行思考的习惯？

①有　　　　　　　　②无

9. 您利用移动终端阅读的主要内容包括（多选）：

(1) 新闻资讯　　(2) 生活资讯　　　　(3) 学习性内容

(4) 休闲娱乐内容　(5) 专业工作或研究信息　(6) 社交信息

(7) 与地理位置相关的信息　(8) 其他：＿＿＿＿＿＿＿

10. 从加工层次看，您目前利用的移动阅读内容主要有（多选）：

(1) 全文　　(2) 目录　　(3) 摘要　　(4) 综述（专题缩编）

(5) 其他：＿＿＿＿＿

11. 您目前利用的移动阅读内容的载体形式包括（多选）：

(1) 文本　　　(2) 图片　　　(3) 文本＋图片　　　(4) 漫画

(5) 音频　　(6) 视频　　(7) 动画

12. 您目前利用的移动阅读内容的出版形式包括（多选）：

(1) 网页　　(2) 图书　　(3) 报纸　　　(4) 杂志

(5) 电台/音乐歌曲　　(6) 电影/电视

13. 当您利用客户端软件阅读文本内容时（没有利用阅读软件的，不需回答）：

(1) 直接使用原文排版进行阅读

(2) 常常自设置排版（多选）：□横竖排　　□字体　　□字号 □色彩　　□亮度　　□闪动　　□背景　　□有无图

(3) 前两者都有

14. 您阅读文本内容时，常用的阅读翻页方式是（多选）：

(1) 触摸翻页　　(2) 按键点击翻页　　(3) 语音控制翻页

(4) 其他：＿＿＿＿＿＿＿＿

15. 您目前利用的移动阅读内容的长短情况是：

(1) 长篇阅读更多　　(2) 短篇阅读（微阅读）更多

(3) 两者差不多

16. 您对移动阅读内容中的广告的态度是：

(1) 非常反对　(2) 比较反对　(3) 一般　(4) 不太反对

(5) 完全不反对

——如您不反对，可接受的广告形式有（多选）：

(1) 在读物中植入广告

（2）设置广告专区（移动横幅和展示 待机屏幕广告等）

（3）其他：＿＿＿＿＿＿＿＿＿＿＿

17. 您进行移动阅读的平均时长是：

（1）每次：□5—10 分钟 □11—20 分钟 □21—30 分钟

□31—40 分钟 □41—50 分钟 □51—60 分钟 □1 小时以上

（2）每日：□不超过 30 分钟 □31 分钟—1 小时

□1—2 小时 □2—3 小时 □3 小时以上

18. 您利用手机进行移动阅读的时间（地点）主要在（多选）：

（1）交通途中（上下班途中、出差或旅游途中） （2）排队时

（3）等候（人、车、电梯）时 （4）会议间隙 （5）课间休息

（6）睡觉前 （7）上厕所时 （8）家中无聊时

（9）办公室无聊时 （10）其他：＿＿＿＿＿＿＿＿＿＿＿

19. 您利用平板电脑、阅读器进行移动阅读的时间（地点）主要在（多选，没有该类终端的不用填写）：

（1）交通途中（上下班途中、出差或旅游途中） （2）排队时

（3）等候（人、车、电梯）时 （4）会议间隙 （5）课间休息

（6）睡觉前 （7）上厕所时 （8）家中无聊时

（9）办公室无聊时 （10）其他：＿＿＿＿＿＿＿＿＿＿＿

附录五 移动互联网用户阅读 交流行为调查问卷

地区：　　　省（直辖市、自治区）

您好！我们正在进行一项移动阅读交流行为方面的调查，您的意见和建议对我们的研究非常宝贵，希望您能协助我们完成本次问卷填写。本调查采取匿名方式，请您根据自己的实际情况如实选择或填写。非常感谢您的大力支持！

【简介】移动阅读是指用户使用手机、平板电脑等移动终端通过无线/移动通信网络访问、接收、下载所需信息，并在移动终端上浏览、收看（听）并进行互动的阅读活动。

1. 您使用手机、平板电脑等移动终端阅读过吗？

（1）是——您利用移动阅读的主要目的是（多选）

□应急查阅信息　　□即时了解新闻资讯等实时信息

□打发无聊　　□利用碎片时间阅读学习

□查阅与地理位置相关的信息

□赶时髦　　□其他：＿＿＿＿＿＿＿＿＿＿＿＿

（2）否——您不用移动阅读的主要原因是（多选，选好后请直接跳答第8题）

□没有移动终端　　□没有必要，因为我可以很方便地使用电脑上网

□不了解移动阅读　　□移动终端操作不方便　　□担心移动通信费

□眼睛容易累，不习惯手机阅读　　□移动或无线网速慢

□其他：＿＿＿＿＿＿＿＿＿＿＿＿

2. 您在移动阅读的过程中是否有交流行为？

（1）有　　　　　　（2）没有

——您不进行阅读交流的主要原因是（多选，选后直接跳答第8题）：

□喜欢一个人安静地阅读　　□觉得与人交流没有多大价值
□其他：＿＿＿＿＿＿＿＿

3. 您通过下列哪些平台进行移动阅读交流互动（多选）？
（1）公共社区：□即时通信工具（QQ、微信等）　□微博
□博客　□SNS社交网站　□BBS论坛社区　□问答网站
□其他：＿＿＿＿＿＿＿＿＿

（2）专门阅读社区：
□中国移动手机阅读　□中国电信天翼阅读　□中国联通沃阅读
□腾讯的阅读平台　□新浪的阅读平台　□网易的阅读平台
□搜狐的阅读平台　□百度的阅读平台　□盛大的阅读平台
□3G门户的阅读平台　□中文在线　□方正的阅读平台
□天涯社区　□猫扑　□百阅　□豆瓣　□VIVA　□扎客（ZAKER）
□鲜果　□Flipboard中文版　□掌媒　□掌讯通　□91熊猫看书
□掌阅　□无觅　□书客　□多看阅读　□超星
其他：＿＿＿＿＿＿＿＿＿＿＿

4. 您在移动阅读中的主要交流对象包括（多选）：
（1）作者　　（2）出版者　　　（3）读者：□好友　□其他读者

5. 您在移动阅读中的主要交流内容包括（多选）：
（1）给作者、出版者：□评论　□提建议　□其他：＿＿＿＿＿
（2）给读者：□摘要　□标签　□批注　□评论　□阅读笔记
□其他：＿＿＿＿＿

6. 您进行移动阅读交流的主要方法包括（多选）：
（1）聊天讨论　　（2）关注或收看收听（通过关注和粉丝的方式）
（3）上传（文档、图片、音频、视频等）　　（4）发表日志心情
（5）发表摘录　（6）发表评论　（7）发表阅读笔记　（8）转发
（9）推荐（以赞或喜欢或顶或反对、资源推荐等方式）
（10）批注　　　（11）标签　　　（12）其他：＿＿＿＿＿＿

7. 您在移动阅读交流后常有以下哪些行为（多选）？

（1）查询、了解相关知识　　　　（2）访问相关链接网站

（3）根据阅读内容订阅相关阅读服务

（4）购买（零购或订购）纸质版读物

（5）通过广告购物　　　　（6）在线下继续与人交流

（7）其他：＿＿＿＿＿＿＿＿＿

8．您的年龄：

（1）18岁以下（不含18岁）　　（2）18—25岁　（3）26—30岁

（4）31—40岁　　（5）41—50岁　　（6）50岁以上

9．您的性别：

（1）男　　　　（2）女

10．您的学历：

（1）小学　　（2）初中　　（3）高中　　（4）专科（5）本科

（6）硕士　　（7）博士

11．您的职业：

（1）政府部门：□管理人员　□科技人员　□一般职员

（2）事业单位：□管理人员　□科技人员　□大学教师

□中小学教师　□一般职员

（3）企　　业：□管理人员　□科技人员　□一般职员

（4）学　　生：□大学生（年级：＿＿＿＿）　　□中小学生

（5）其　　他：□农民　□农民工（城市外来务工人员）　□军人

12．您的收入（学生指生活费）：

（1）1000元/月以下　　　　（2）1001—2000元/月

（3）2001—3000元/月　　　　（4）3001—4000元/月

（5）4001—5000元/月　　　　（6）5000元/月以上

13．您现有的移动终端包括（多选）：

（1）普通手机　（2）智能手机　（3）电子阅读器

（4）平板电脑　（5）MP3/MP4/MP5　（6）其他：＿＿＿＿＿＿＿

附录六　移动阅读行为中的沉迷现象调查问卷

同学，您好！我们正在进行一项大学生移动阅读行为方面的调查，您的意见对我们的研究非常宝贵，希望您能协助我们完成本次问卷填写。本次调查采取匿名方式，请您根据您的实际情况如实选择或填写。非常感谢您的大力支持！

【简介】移动阅读行为中的沉迷现象是指用户（读者）对移动阅读缺乏正确的认识，在移动阅读过程中存在过度性使用、病态性依赖等现象。

下面描述了移动阅读行为中的沉迷现象，请您根据您自己的经历及感受，在右边选择对应的选项。

完全符合　比较符合　基本符合　不太符合　完全不符合

1. 移动阅读的目的纯粹是娱乐，打发时间

□　　　　□　　　　□　　　　□　　　　□

2. 用手机、平板电脑等来阅读时，只关注新闻等即时资讯，或娱乐八卦、小说等娱乐内容，或微博、微信、QQ、社交网站等社交信息

□　　　　□　　　　□　　　　□　　　　□

3. 无聊时总是用手机、平板电脑等阅读消遣

□　　　　□　　　　□　　　　□　　　　□

4. 上课的时候，不管课程内容好不好，常会拿出手机、平板电脑等来阅读

□　　　　□　　　　□　　　　□　　　　□

5. 自习的时候常常会拿出手机、平板电脑等来阅读

□　　　　□　　　　□　　　　□　　　　□

6. 开会的时候，不管会议内容是否重要，常会拿出手机、平板电脑等来阅读

☐　　☐　　☐　　☐　　☐

7.（聚餐、聚会社交等）集体活动的时候，常会旁若无人地拿出手机、平板电脑等来阅读

☐　　☐　　☐　　☐　　☐

8. 有要紧事时，宁愿拿着手机、平板电脑等来阅读，也不愿意处理其他一些更紧迫的事

☐　　☐　　☐　　☐　　☐

9. 在路上走的时候，或骑（开）车的时候，常会拿出手机、平板电脑等来阅读

☐　　☐　　☐　　☐　　☐

10. 每次阅读觉得需要花更多的时间在手机、平板电脑上才能得到满足

☐　　☐　　☐　　☐　　☐

11. 每天花在手机、平板电脑等移动阅读上的时长明显过多（2个小时以上）

☐　　☐　　☐　　☐　　☐

12. 移动阅读已给我的学习、生活、社交等带来了负面影响

☐　　☐　　☐　　☐　　☐

13. 因为移动阅读，眼睛常常很累，视力下降明显

☐　　☐　　☐　　☐　　☐

您的性别是：（1）男　　　　　　（2）女
您的年龄是：（1）18—22岁　（2）23—25岁　（3）26—30岁
您的学历是：（1）专科生　（2）本科生　（3）硕士研究生
　　　　　　（4）博士研究生
您的专业属于：（1）文科　（2）理科　（3）工科　（4）农学
（5）医学　（6）管理学　（7）其他：＿＿＿＿＿
您所在的大学是：＿＿＿＿＿＿＿＿＿
问卷到此结束，非常感谢您的配合和支持，祝您学业进步！

主要参考文献

1. Barbara Niedz´wiedzka. A proposed general model of information behaviour (http: //Informationr. net/ir/9 - 1/paper164. html).

2. Belkin, N J. , "Anomalous states of knowledge as a basis for information retrieval", *The Canadian Journal of Information Science*, No. 5, 1980.

3. Bianchi, *Mobile phone research: Summary of the findings of the research*, International Handbooks on Information Systems, 2008.

4. Billieux, J. , Vander Linden, M. , Rochat, L. , "The role of impulsivity in actual and problematic use of the mobile phone", *Applied Cognitive Psychology*, Vol. 22, No. 9, 2008.

5. Björn H, Erik L. , "A comparison of presentation methods for reading on mobile phones", *IEEE Distributed Systems Online*, Vol. 8, No. 6, 2007.

6. Chinese Internet users spent approximately 19m y (http: //www. iknowing. com/iknowing/note/106967518919151. h tml).

7. Choo C W, Detlor B. , Turnbull D, Information seeking on the Web: An integrated model of browsing and searching (http: //firstmonday. org/ ojs/index. php/fm/issue/view/116).

8. Clark D T, Goodwin S P, Samuelson T, et. , "A Qualitative Assessment of the Kindle E - book Reader: Results from initial focus groups", *Performance Measurement and Metrics*, Vol, 9, No. 2, 2008.

9. Csikszentmihaly, M. *Beyond Boredom and Anxiety*, Jossey - Bass, 1975.

10. Darroch I, Goodman J, Brewster S. , "The Effect of Age and Font Size on Reading Text on Handheld Computers", *Lecture Notes in Computer Science*, Vol. 35, 2005.

11. Demski J. , The Device Versus the Book (http: //campustechnolo-gy. com/articles/2010/05/01/the – device – versus – the – book. aspx).

12. Dennis T Clark, "Lending Kindle E – book Readers: First Results from the Texas A&M University Project", *Collection Building Volume*, Vol. 28, No. 4, 2009.

13. Dervin, B. , An Overview of Sense – making Research: Concepts, Methods and Results to Date (http: //faculty. washington. edu/wpratt/ MEBI598/Methods/An% 20Overview% 20of% 20Sense – Making% 20Research% 201983a. htm).

14. Ellis, D. , *The Derivation of a Behavioural Model for Information Retrieval system Design*, Sheffield: University of Sheffield, 1987.

15. Ghani, J. A. , Deshpande, S. P. , "Task Characteristics and the Experience of Optimal Flow in Human—computer Interaction", *The Journal of Psychology*, Vol. 128, No. 4, 1994.

16. Goodman, K. S. , "Reading: A Psycholinguistic Guessing Game ", *Journal of the Reading specialist*, Vol. 6, No. 1, 1967.

17. Gough P B, "One Second of Reading", *Language by Ear and by Eye*, Cambridge, Mass. : MIT Press, 1972.

18. How Are Smartphone and PC Internet Users Different? (http: // www. emarketer. com/Article. aspx? R = 1009589).

19. Ito M. , Daisuke O. , Mobile Phones: Japanese Youth and the Replacement of Social Contact (http: //www. itofisher. com/PEOPLE/mito/mo-bileyouth. pdf).

20. Jung J, Chan – Olmsted S, Park B, et. , "Factors Affecting E – book Reader Awareness, Interest, and Intention to Use", *New Media & Society*, Vol. 14, No. 2, 2012.

21. Kathrin G, Yevgeniya K, Diana M, et. , "Reading in 2110—Reading Behavior and Reading Devices: A Case Study ", *Electronic Library*, 2011.

22. Kuhlthau, C C, "Inside the Search Process: Information Seeking from the User' s Perspective", *Journal of the American Society for Informa-*

tion Science, Vol. 42, No. 5, 1991.

23. Kuhthau C C, *Seeking Meaning: A Process Approach to Library and Information Services*, Norwood: Ablex, 1993.

24. Kroski E, "On the Move with the Mobile Web: Libraries and Mobile Technologies", *Library Technology Reports*, Vol. 44, No. 5, 2008.

25. Lai Jung – yu, Chang Chich – yen, "User Attitudes toward Dedicated E – book Readers for Reading: The Effects of Convenience, Compatibility and Media Richness", *Online Information Review*, Vol. 35, No. 4, 2011.

26. Leung, L, "Linking Psychological Attributes to Addiction and Improper Use of the Mobile Phone Among Adolescents in Hong Kong", *J Children Media*, Vol. 2, No. 2, 2008.

27. Lella A., Lipsman A: The US Mobile App Report (https: // www. comscore. com/Insights/Presentations – and – Whitepapers/2014/ The – US – Mobile – App – Report).

28. Liu Ziming, "Reading Behavior in the Digital Environment: Changes in Reading Behavior over the Past Ten Years", *Journal of Documentation*, Vol. 61, No. 6, 2005.

29. Pattuelli M C, Rabina D, "Forms, Effects, Function: LIS Students' Attitudes Towards Portable E – book readers", *New Information Perspectives*, Vol. 62, No. 3, 2010.

30. Rockinson – Szapkiw A J, Courduff J, Carter K, et., "Electronic Versus Traditional Print Textbooks: A Comparison Study on the Influence of University Students' Learning ", *Computers & Education*, Vol. 63, No. 11 , 2012.

31. Rumelhart, D. E., "Toward an Interactive Model of Reading", *Attention and Performance VI*, New York: Academic Press, 1977.

32. Sandra S., *Techniques and Resources in Teaching Reading*, Shanghai: Shanghai Foreign Language Education Press, 2002.

33. Stanovich K E, "Toward an Interactive Compensatory Model of Individual Differences in the Development of Reading Fluency", *Reading Research Quarterly*, No. 1, 1980.

34. Sung E, Mayer R E, "Students' Beliefs about Mobile Devices Versus Personal Computers in South Korea and the United States", *Computers & Education*, Vol. 59, No. 4, 2012.

35. Taylor R S, "Question—negotiation and Information Seeking in Libraries", *College and Research Libraries*, No. 29, 1968.

36. Talja S, Hansen P, "Information Sharing", *New Directions in Human Information Behavior*, Netherlands: Berlin Springer, 2006.

37. Ur P, *A Course in Language Teaching Practice and Theory*, Cambridge: Cambridge University Press, 1996.

38. Vasileiou M, Hartley R, Rowley J, "An Overview of the E – book Marketplace", *Online Information Review*, Vol33, No. 1, 2009

39. Wilson, T. D., "On User Studies and Information Needs", *Journal of Documentation*, No. 1, 1981.

40. Wilson, T. D., "Models in Information Behaviour Research", *Journal of Documentation*, Vol. 55, No. 3, 1999.

41. Wilson, T. D., "Information Behaviour: an Interdisciplinary Perspective", *Information Processing and Management: an International Journal*, Vol. 33, No. 4, 1997.

42. Woody W D, Daniel D B, Baker C A., "E – books or Textbooks: Students Prefer Textbooks", *Computers and Education*, Vol. 55, No. 3, 2010.

43. You're unlikely to finish reading this article (http://www.theverge.com/2013/6/8/4408716/reading – scrolling – sharing – web – articles).

44. Zhang Li Yi. etc., "Correlation Analysis between Users Educational Level and Mobile Reading Behavior", *Library Hi Tech*, Vol. 29, No. 3, 2011.

45. 谢征:《美国移动电子杂志读者的阅读行为分析》,《科技与出版》2012 年第 9 期。

46. 张晓红、李卓:《走出书斋——浅论移动阅读》,《现代情报》2007 年第 2 期。

47. 白兴勇:《手机阅读初探》,《山东图书馆学刊》2009 年第 2 期。

48. 茆意宏：《论手机移动阅读》，《大学图书馆学报》2010 年第 6 期。

49. 卞庆祥：《基于 3G 技术的图书馆移动阅读服务》，《新世纪图书馆》2009 年第 5 期。

50. 何明星：《移动阅读的内容需求趋势》，《出版参考》2009 年第 24 期。

51. 叶甜：《基于扎根理论的高校学生移动阅读使用偏好分析》，《图书馆学研究》2011 年第 7 期。

52. 罗昕、丛挺：《大学生手机阅读动机实证研究》，《出版广角》2013 年第 14 期。

53. 韩晗：《论移动通讯语境下的文本生产及其接受困境》，《出版广角》2011 年第 3 期。

54. 黄蓓蓓：《移动"阅览室"的崛起：3G 时代的手机阅读用户研究》，《广告大观：理论版》2011 年第 1 期。

55. 李武、谢蓉、金武刚：《上海地区在校大学生手机阅读使用行为分析》，《图书情报工作》2011 年第 14 期。

56. 肖韵、韩莹：《用户学历与利用移动阅读服务关联分析——以中国大学生为例》，《科技情报开发与经济》2011 年第 5 期。

57. 袁曦临、王骏、陈霞：《移动阅读与纸质阅读对照实验研究》，《图书馆建设》2012 年第 3 期。

58. 李刚、宋凯、余益飞：《个性与分享——移动阅读时尚的调查与思考》，《图书馆杂志》2012 年第 9 期。

59. 许广奎、周春萍：《高校大学生手机阅读行为调查分析》，《图书情报工作》2012 年第 14 期。

60. 冯英华：《手机移动阅读的公众使用行为结构研究——以常州市武进区、昆山市和江阴市为例》，《图书馆论坛》2013 年第 2 期。

61. 刘亚、蹇瑞卿：《大学生手机阅读行为的调查分析》，《图书馆论坛》2013 年第 3 期。

62. 张艳丰、刘昆雄、毛爽：《大学生移动阅读诉求三维度实证分析》，《图书馆论坛》2013 年第 5 期。

63. 章惠、程杰铭：《基于用户需求视角的我国移动阅读产业发展策略研究——上海市移动阅读问卷调查》，《出版发行研究》2013 年第

4 期。

64. 高春玲、卢小君、郑永宝：《基于个体特征的用户移动阅读行为的差异分析》，《图书情报工作》2013 年第 9 期。

65. 李武、刘宇、于文：《中日韩三国大学生移动阅读行为的跨国比较研究》，《出版广角》2013 年第 18 期。

66. 刘鲁川、孙凯：《移动数字阅读服务用户采纳后持续使用的理论模型及实证研究》，《图书情报工作》2011 年第 10 期。

67. 韩超群、杨水清、曹玉枝：《移动服务用户采纳行为的整合模型》，《软科学》2012 年第 3 期。

68. 吴志攀：《移动阅读与图书馆的未来——"移动用户的图书馆"》，《大学图书馆学报》2004 年第 1 期。

69. 陈素梅：《手机图书馆开辟移动阅读的新时代》，《图书馆建设》2007 年第 5 期。

70. 茆意宏：《论高校图书馆手机阅读服务》，《情报科学》2008 年第 12 期。

71. 曾妍：《移动阅读在图书馆实行的可能性分析》，《图书馆建设》2009 年第 2 期。

72. 任敏：《手机阅读及其对图书馆服务的影响与拓展》，《湛江师范学院学报》2009 年第 4 期。

73. 楼向英、高春玲：《Mobile 2.0 背景下的手机阅读》，《图书馆杂志》2009 年第 10 期。

74. 高春玲：《移动阅读市场驱动下的图书馆：角色与对策》，《数字图书馆论坛》2010 年第 11 期。

75. 付玲玲、文金书：《基于产业链的图书馆手机阅读服务探讨》，《图书馆学研究》2010 年第 11 期。

76. 梁爱东、薛海波、赵丽华：《手机阅读疗法探析》，《图书馆学刊》2010 年第 10 期。

77. 谢蓉、金武刚：《高校图书馆如何推广手机阅读》，《图书情报工作》2011 年第 14 期。

78. 赵明霞：《手机媒体阅读与知识产权保护研究》，《图书馆学研究》2010 年第 23 期。

79. 孙金娟、江南：《基于读者调研的高校图书馆移动阅读服务策略研究》，《图书馆学研究》2011 年第 8 期。

80. 谭纯：《我国手机阅读平台内容调查分析与对策研究》，《出版发行研究》2011 年第 11 期。

81. 陈亮、刘树民：《网络与手机等新媒体环境下的经典阅读》，《图书馆杂志》2011 年第 11 期。

82. 李鹏：《数字期刊的移动阅读发展趋势研究》，《图书与情报》2012 年第 2 期。

83. 谢蓉：《数字时代图书馆阅读推广模式研究》，《图书馆论坛》2012 年第 3 期。

84. 傅俏等：《高校图书馆开展移动阅读服务的探索与实践》，《大学图书馆学报》2012 年第 6 期。

85. 付跃安、黄晓斌：《试论我国图书馆移动阅读服务发展对策》，《图书馆工作与研究》2012 年第 3 期。

86. 谷俊娟：《美国公共图书馆电子书借阅服务模式的启示与思考》，《图书馆工作与研究》2012 年第 10 期。

87. 马骏涛等：《图书馆开展移动阅读服务的问题与对策》，《图书馆论坛》2013 年第 1 期。

88. 毕秋敏、曾志勇、李明：《移动阅读新模式：基于兴趣与社交的社会化阅读》，《出版发行研究》2013 年第 4 期。

89. 高春玲：《基于 SWOT 的图书馆移动阅读服务分析》，《图书馆学刊》2013 年第 9 期。

90. 孟小华：《基于 J2ME 的移动无线阅读系统的设计与实现》，《计算机工程》2005 年第 5 期。

91. 董瑞志等：《手机移动阅读系统的研究》，《常熟理工学院学报：自然科学》2008 年第 10 期。

92. 落红卫：《移动阅读终端介绍及测试方法研究》，《电信网技术》2010 年第 7 期。

93. 黄晓斌、付跃安：《基于用户体验的移动阅读终端可用性评价》，《图书馆论坛》2011 年第 4 期。

94. 岳蓓、刘宇、邹玥：《3G 时代移动阅读终端探析》，《科技情报开发与经济》2012 年第 5 期。

95. 方杰、傅晓艳：《基于手机阅读的高校无线移动电子图书馆建设方案初探》，《科技情报开发与经济》2008 年第 28 期。

96. 方玮、张成昱、窦天芳：《基于资源整合的手机图书馆系统的设计和实现》，《现代图书情报技术》2009 年第 6 期。

97. 刘松柏、姜海峰、李书宁：《移动图书馆建设的难点与趋势》，《图书情报工作》2013 年第 4 期。

98. 贺利娜、李源、田增山：《基于 TD – SCDMA 的手机图书馆系统设计》，《电视技术》2011 年第 19 期。

99. 朱雯晶等：《图书馆手机客户端的探索实践》，《现代图书情报技术》2011 年第 5 期。

100. 丁夷、金永贤：《基于 Struts + Spring + Hibernate 框架的手机图书馆服务系统》，《大学图书馆学报》2011 年第 1 期。

101. 付跃安、黄晓斌：《OverDrive 图书馆移动阅读解决方案及其特点》，《图书馆杂志》2012 年第 2 期。

102. 张金星、和金涛：《试论由图书馆主导制定移动阅读数字文档格式的准入标准》，《情报资料工作》2012 年第 2 期。

103. 谢强、牛现云、赵娜：《移动数字图书馆服务体系研究》，《图书情报工作》2013 年第 4 期。

104. 张晋：《移动阅读：运营商参与模式各不同》，《通信世界》2012 年第 3 期。

105. 刘有才、罗尚虎：《从网易云阅读看中国人的移动阅读习惯》，《青年记者》2012 年第 22 期。

106. 崔宇红：《基于手机短信平台的图书馆信息推送服务》，《大学图书馆学报》2004 年第 4 期。

107. 鄢小燕、张苏闽、谢黎：《基于移动阅读特征分析的图书馆移动服务思考》，《图书馆论坛》2012 年第 5 期。

108. 王艳、邓小昭：《网络用户信息行为基本问题探讨》，《图书情报工作》2009 年第 16 期。

109. 朱婕、靖继鹏、窦平安：《国外信息行为模型分析与评价》，《图书情报工作》2005 年第 4 期。

110. 曹双喜、邓小昭：《网络用户信息行为研究述略》，《情报杂志》 2006 年第 2 期。

111. 彭文梅：《"信息行为"与"信息实践"——国外信息探求理论的 核心概念述评》，《情报资料工作》2008 年第 5 期。

112. 迪莉娅：《西方信息行为认知方法研究》，《中国图书馆学报》 2011 年第 2 期。

113. 宋雪雁、王萍：《用户信息行为研究述评》，《情报科学》2010 年 第 4 期。

114. 胡磊：《论信息服务交互的用户信息行为理论基础》，《情报理论与 实践》2010 年第 3 期。

115. 陈成鑫、初景利：《国外新一代用户网络信息行为研究进展》，《图 书馆论坛》2010 年第 6 期。

116. 曹梅：《略论用户信息行为研究的演进》，《图书情报工作》2010 年第 1 期。

117. 邓小咏、李晓红：《网络环境下的用户信息行为探析》，《情报科 学》2008 年第 12 期。

118. 丁宇：《网络信息用户需求的特点与利用特征及规律浅析》，《情报 理论与实践》2003 年第 5 期。

119. 何德华、鲁耀斌：《农村居民接受移动信息服务行为的实证分析》， 《中国农村经济》2009 年第 1 期。

120. 吴先锋、唐茜：《农村移动信息服务消费者接受行为研究》，《图书 与情报》2010 年第 3 期。

121. 李浩君等：《适应新农村建设需求的移动学习应用模式及影响因素 研究》，《中国远程教育》2010 年第 12 期。

122. 陆敏玲：《移动信息服务在农村地区初始采纳的实证研究》，《安徽 农业科学》2012 年第 26 期。

123. 陆敏玲：《影响农民持续使用移动信息服务平台的因素研究》，《价 值工程》2012 年第 11 期。

124. 冯笑笑等：《浙江省农村地区移动服务使用情况调研》，《网络财 富》2010 年第 23 期。

125. 王小新：《浅析移动互联网背景下的社交化阅读》，《新闻世界》

2012 年第 2 期。

126. 汤雪梅：《踟蹰中前行：2012 年中国数字出版产业发展与趋势综述》，《编辑之友》2013 年第 2 期。

127. 戴华峰：《移动互联下社会化阅读研究的三个理论视角》，《中国记者》2011 年第 11 期。

128. 张薇薇：《社群环境下用户协同信息行为研究述评》，《中国图书馆学报》2010 年第 4 期。

129. 徐华、吴玄娜、兰彦婷等：《大学生手机依赖量表的编制》，《中国临床心理学杂志》2008 年第 1 期。

130. 杜立操、熊少青：《大学生手机依赖状况调查及干预对策研究》，《四川教育学院学报》2009 年第 7 期。

131. 邵蕾蕾、林恒：《大学生手机依赖问卷的编制》，《社会心理科学》2010 年第 9—10 期。

132. 胥鉴霖、王泗通：《大学生手机依赖现状调查探究——以 HH 大学 J 小区为例》，《电子测试》2013 年第 7 期。

133. 陶舒曼、付继玲、王惠等：《青少年手机使用依赖自评问卷编制及其在大学生中的应用》，《中国学校卫生》2013 年第 1 期。

134. 宫佳奇、任玮：《兰州市高校大学生手机依赖状况分析》，《新闻世界》2009 年第 10 期。

135. 旷洁：《媒介依赖理论在手机媒体环境下的实证研究》，《新闻知识》2013 年第 2 期。

136. 徐龙：《简论数字化时代的阅读》，《光明日报》2009 年 10 月 16 日第 3 版。

137. 钟雄：《社会化阅读：阅读的未来》，《中国新闻出版报》2011 年 5 月 12 日第 6 版。

138. 任晓宁、李凡：《出版社阅读应用投石问路》，《中国新闻出版报》2013 年 6 月 20 日第 7 版。

139. 钱玮珏：《低头族，请小心！》，《南方日报》2013 年 12 月 12 日第 B05 版。

140.《报告称亚太移动用户数占全球总数一半》，《人民邮电报》2014 年 6 月 12 日第 7 版。

141. 李明远：《〈2013—2014 中国数字出版产业年度报告〉发布 数字出版年收入增长 31%》，《中国新闻出版报》2014 年 7 月 16 日第 3 版。

142. ［美］保罗·莱文森：《数字麦克卢汉》，何道宽译，社会科学文献出版社 2001 年版。

143. 吴增强、张建国：《青少年网络成瘾预防与干预》，上海教育出版社 2007 年版。

144. 茆意宏：《面向用户需求的图书馆移动信息服务研究》，中国书籍出版社 2013 年版。

145. 曾祥芹：《阅读学新论》，语文出版社 1999 年版。

146. 曾祥芹、韩雪屏：《阅读学原理》，大象出版社 2002 年版。

147. 孙继先、郑晓辉：《需求社会论》，高等教育出版社 2004 年版。

148. 胡昌平：《现代信息管理机制研究》，武汉大学出版社 2004 年版。

149. 《中国互联网络发展状况统计报告》（http://www.cnnic.cn/hlwfzyj/hlwxzbg/hlwtjbg/201407/P020140721507223212132.pdf）。

150. 工业和信息化部电信研究院：《移动互联网白皮书（2014 年）》（http://www.catr.cn/kxyj/qwfb/bps/201405/t20140512_1017472.html）。

151. 《Adobe 指数报告：平板电脑网络流量超智能手机》（http://it.sohu.com/20130309/n368234647.shtml）。

152. 张蓓、窦天芳、张成昱等：《基于学科知识的高校图书馆移动服务创新探索》（http://www.kmf.ac.cn/tabid/583/InfoID/2735/frtid/914/Default.aspx）。

153. 《Clipped：15 岁高中生开发的新闻内容摘要应用》（http://www.iknowing.com/iknowing/note/31431928413983.html）。

154. 《美国〈读者文摘〉加大数字化转型力度》（http://tech.sina.com.cn/i/2012 - 10 - 08/09437680285.shtml）。

155. 《Prismatic：让移动新闻阅读更加吸引人》（http://www.tuicool.com/articles/UfEJJv）。

156. 《图书馆服务宣传周：让阅读引领未来》（http://politics.people.com.cn/n/2013/0531/c70731 - 21690165.html）。

157. 《你有多长时间来阅读？Byliner 发布新版 iPad app，想要根据用户可阅读的时长来挑选内容》(http：//www. 36kr. com/p/204728. html)。

158.《手机新闻阅读有望迎来新时代》 (http：//www. iknowing. com/
iknowing/note/31431932464569. html)。

159. 张懿：《中国手机网民越来越乐意掏钱包　肯花钱在手机看小说》
(http：//whb. eastday. com/w/20111123/u1a940496. html)。

160.《数字阅读市场格局变化　电子书平台成长迅猛》 (http：//news.
sina. com. cn/m/2014－02－20/100329517071. shtml)

161.《2009 年数字出版业的整体收入超过 750 亿元》(http：//politics.
people. com. cn/GB/1026/11792505. html)。

162.《〈第五次全国国民阅读调查报告〉发布》(http：//www. chuban.
cc/yw/200807/t20080723_ 37918. html)。

163. 柳斌杰：《数字出版总值料首次超过纸质出版产值》 (http：//
www. bianews. com/viewnews－101853. html)。

164.《2013 年我国成年国民的网络在线阅读、手机阅读和电子阅读器阅
读持上升态势》(http：//www. chuban. cc/ztjj/yddc/2014yd/201404/
t20140422_ 155056. html)。

165.《日本智能机普及率仅 17%　76% 人口使用移动媒体》 (http：//
www. sootoo. com/content/244247. shtml)。

166.《手机阅读具有广阔的市场发展空间》 (http：//www. sx. xinhua.
org/ztjn/2010－01/12/content_ 18748982. htm)。

167.《中国手机阅读，可向日本借鉴什么?》(http：//www. cbbr. com.
cn/info_ 17686_ 1. htm)。

168.《韩国 LTE 移动用户剧增至 2700 万人　占有率破 5 成》(http：//
tech. huanqiu. com/comm/2013－12/4628406. html)。

169.《comScore 发布美互联网报告：移动互联网用户猛增》 (http：//
tech. ifeng. com/internet/detail_ 2012_ 06/15/15332330_ 0. shtml)。

170.《速途研究院：2012 年手机杂志年度分析报告》 (http：//news.
zol. com. cn/344/3443826. html)。

171.《布局数字阅读　三大运营商与互联网巨头争百亿市场》 (ht-
tp：//economy. jschina. com. cn/system/2014/07/22/
021443251. shtml)。

172. 《〈2013 年移动互联网蓝皮书〉发布　全景总览移动互联网发展》（http：//news. xinhuanet. com/info/2013 － 05/29/c_ 132417388. htm）。

173. 《易观评论：2012 年中国移动阅读市场实力矩阵分析》（http：//www. enfodesk. com/SMinisite/maininfo/articledetail － id － 342860. html）。

174. 《"第十一次全国国民阅读调查"成果发布》（http：//www. chuban. cc/yw/201404/t20140423_ 155079. html）。

175. 《91 熊猫看书发布新版本　主打轻阅读》（http：//net. chinabyte. com/0/12768500. shtml）

176. 《"豆瓣阅读"首次发布成绩单》（http：//www. iknowing. com/iknowing/note/60629120283361. html）。

177. 《移动阅读市场仍在跑马圈地　杂志化将成发展重点方向》（http：//finance. 21cn. com/newsdoc/zx/a/2013/0208/15/20377912. shtml）。

178. 《鲜果网 CEO 梁公军：专注移动阅读　两年内不盈利》（http：//www. techweb. com. cn/people/2012 － 09 － 24/1239797_ 2. shtml）。

179. 《大数据及富媒体将成数字阅读市场热点》（http：//news. china. com. cn/rollnews/ent/live/2014 － 01/10/content_ 24267155. htm）。

180. 《VIVA：重回阅读时代》（http：//finance. sina. com. cn/leadership/mroll/20130312/174314806565. shtml）。

181. 《第 33 次中国互联网络发展状况统计报告》（http：//www. cnnic. cn/hlwfzyj/hlwxzbg/hlwtjbg/201403/P020140305346585959798. pdf）。

182. 《2012 年中国农村互联网发展状况调查报告》（http：//www. cnnic. cn/hlwfzyj/hlwxzbg/ncbg/201311/P020131127389304711108. pdf）。

183. 《中移动湖北农村调查：手机成农民上网首要终端》（http：//tech. sina. com. cn/t/3g/2012 － 07 － 09/00447362578. shtml）。

184. 《2011 年江苏省及各市农民人均纯收入情况》（http：//www. jsagri. gov. cn/statfile/files/550464. asp）。

185. 《2012 江苏农民人均纯收入 12202 元　比上年增长 12. 9%》（http：//jiangsu. china. com. cn/html/finance/finances/46770_ 1. html）。

186. 《中国移动互联网调查研究报告》（http：//www. cnnic. cn/hlwfzyj/hlwxzbg/201408/P020140826366265178976. pdf）。

187.《2013 中国移动互联网统计报告》（http：//www. eguan. cn/download/zt. php？tid = 1979&rid = 1983）。

188.《中国手机浏览器用户研究报告》（http：//www. cnnic. cn/hlwfzyj/hlwxzbg/ydhlwbg/201310/P020131016356661940876. pdf）。

189.《中国互联网络发展状况统计报告》（http：//www. cnnic. net. cn/hlwfzyj/hlwxzbg/hlwtjbg/201301/P020140116509848228756. pdf）。

190.《2013 年中国手机浏览器行业分析报告》（http：//report. iresearch. cn/2107. html）。

191.《Nielsen：2012 年社交媒体报告——中文》（http：//www. 199it. com/archives/87161. html）。

192. 易观智库：《中国移动阅读产业研究报告 2013 》（http：//www. enfodesk. com/SMinisite/maininfo/meetingdetail – id – 102. html）。

193.《中国移动手机阅读高峰论坛在杭州举行》（http：//labs. chinamobile. com/news/23363）。

194.《2010 年第 2 季度中国手机阅读市场收入达 6. 2 亿　规模进一步提高》（http：//www. enfodesk. com/SMinisite/index/articledetail – type_ id – 1 – info_ id – 5122. html）。